Gisela Brackert
**Himmelschlüssel suchen**

# Gisela Brackert

# Himmelschlüssel suchen

Kleine Nachdenktexte

ULRIKE **HELMER** VERLAG

ISBN 978-3-89741-288-0

© 2009 Copyright Ulrike Helmer Verlag, Sulzbach/Taunus
Alle Rechte vorbehalten
Covergestaltung: Atelier KatarinaS / NL
Druck und Bindung: Verlagsservice Niederland GmbH, Frankfurt am Main
Printed in Germany

Ulrike Helmer Verlag
Neugartenstraße 36c, D-65843 Sulzbach/Taunus
E-Mail: info@ulrike-helmer-verlag.de

**www.ulrike-helmer-verlag.de**

# INHALT

# VORWORT

# Dieses Buch

verdankt sich vielen glücklichen Umständen.

Da ist zum einen die produktive Zusammenarbeit mit der Pfarrerin Heidrun Dörken, die das Amt der Rundfunkbeauftragten der Evangelischen Kirche in Hessen und Nassau wahrnimmt. Nach wie vor hält sie mich dazu an, für die kirchlichen Hörfunk-Sendereihen »Zuspruch am Morgen« und »Evangelische Morgenfeier« (beides auf hr 2 kultur) Texte zu schreiben. Dieser Ermutigung und Heidruns redaktioneller Begleitung verdanke ich, die Journalistin und Nicht-Theologin, sehr viel.

Die meisten Texte dieses Büchleins, jedenfalls alle Kurztexte, entstanden in diesem Zusammenhang. Die längeren Texte haben unterschiedliche Vorgeschichten. Drei entstanden als Evangelische Morgenfeiern, einer wurde als Vortrag gehalten, ein dritter war zunächst eine Predigt.

Gemeinsam ist ihnen allen, dass ihr Grundmuster die mündliche Rede ist.
Das muss kein Nachteil sein. Im Gegenteil. Die mündliche Rede setzt, wenn sie ankommen soll, auf unmittelbare Verständlichkeit. Und die vielen positiven Reaktionen, die ich auf meine erste Zuspruch-Sammlung erhielt, die unter dem etwas provozierenden Titel »Gott ist eine Frau und sie wird

älter« ebenfalls im Helmer Verlag erschienen, lässt den Schluss zu, dass nicht nur die Hörerinnen und Hörer, sondern auch die Leserinnen und Leser diese Verständlichkeit zu schätzen wissen.

Zu den glücklichen Umständen, die das vorliegende Büchlein ermöglichten, gehört auch die Bereitschaft meiner Schwester Mechthild Engel, einer begabten Malerin und Zeichnerin, dem Verlag die kostbaren kleinen Vignetten, die jede neue Kapitelüberschrift akzentuieren, wieder kostenlos zur Verfügung zu stellen. Es ist dieser kleine gestalterische Mehrwert, der aus einem einfachen Taschenbuch ein liebevoll gestaltetes macht.

Dass die Verlegerin Ulrike Helmer darüber hinaus, ohne lange zu zögern, für die Umschlaggestaltung auf eine Zeichnung von mir zurückgriff, nebenher gekritzelt zu nächtlicher Zeit im Urlaub, verbuche ich ebenfalls unter die glücklichen Umstände. Der Inhalt dieses Buches hat so viel mit meinem Leben zu tun. Für mich ist es schön, dass sich das nun auch in der Umschlaggestaltung ausdrückt.

Ein Wort noch zum Titel »Himmelschlüssel suchen«. Er wurzelt in einer Kindheitsgeschichte, die im ersten Text erzählt wird. Ich glaubte mit fünf Jahren allen Ernstes, dass es doch etwas auf sich haben müsse mit dem Namen, den diese freundlichen Frühlingsblüher tragen. Später begriff ich, dass damals ein Such-Impuls angestoßen wurde, dem ich nun immer erstaunter folge. Zum Himmels-Schlüssel kann uns vieles werden, was nicht wie ein Schlüssel aussieht. Von diesen geistlichen Suchbewegungen erzählt dieses Buch.

Gisela Brackert, Frankfurt am Main, im August 2009

# TITELTHEMA

# HIMMELFAHRT UND HIMMELSCHLÜSSEL

## Versuch über einen schwierigen Feiertag

Das war schon ungewöhnlich: Im Jahr 2008 fiel der christliche Himmelfahrtstag genau auf den 1. Mai, den sozialdemokratischen Tag der Arbeit. Eine Doppelbelegung, die sich erst in 152 Jahren wiederholen wird.

Die einen gingen also für gerechtere Verhältnisse in der Arbeitswelt auf die Straße. Die anderen lenkten ihre Schritte in die Kirche. Die meisten aber taten weder das eine noch das andere, sondern machten sich auf in die Natur, die uns wie in jedem Jahr mit ihrem ersten frischen Grün erfreute. Denn längst haben feucht-fröhliche Männerrunden den Himmelfahrtstag zum so genannten.»Vatertag« umfunktioniert. Und angesichts dieser Situation ist es dann für die organisierten Atheisten, etwa in der Giordano Bruno Stiftung, ein Leichtes, sich mit der Forderung an den Staat zu wenden, den christlichen Feiertag zu streichen und ihn stattdessen durch einen »Evolutionsfeiertag« zu ersetzen.

Ich gebe ja zu: Das ehrwürdige Fest, eines der ältesten der Christenheit, ist schwer zu vermitteln.

Seit dem 4. Jahrhundert hat es im Kanon der kirchlichen Feiertage seinen Platz, immer 40 Tage nach Ostern und zehn Tage vor Pfingsten. Keineswegs aber von Anfang an und keineswegs unangefochten in seiner theologischen Bedeutung.

Ist nicht mit Ostern alles Entscheidende schon getan? Reicht es nicht, an den Auferstandenen zu glauben? Muss ich mir auch noch eine Himmelfahrt vorstellen, so wie Lukas sie zu Beginn der biblischen Apostelgeschichte erzählt?

Ort der Handlung ist der Ölberg bei Jerusalem. Der auferstandene, der verwandelte Christus, der in vierzig Tagen einen langen Abschied von seinen Jüngerinnen und Jüngern nimmt, wird von ihnen ungeduldig gefragt, wann er denn nun seine Königsherrschaft in Israel errichten werde. Eine politische Frage, unter den damaligen Umständen.

In der Antwort steckt eine milde Zurechtweisung: Die Frage, sagt Jesus, steht den Jüngern nicht zu, denn Zeit und Stunde zu bestimmen sei allein Gottes Sache. Ihre Sache hingegen sei es, Zeugnis abzulegen von der Mensch gewordenen Liebe Gottes, und zwar landauf landab, »bis ans Ende der Erde«. Eine verwandelnde Kraft, der Heilige Geist, werde ihnen beistehen.

Lukas fährt fort:
»*Und als er das gesagt hatte, wurde er zusehends aufgehoben und eine Wolke nahm ihn vor ihren Augen weg. Und als sie ihm nachsahen, wie er gen Himmel fuhr, da standen bei ihnen zwei Männer in weißen Kleidern. Die sagten: ihr Männer von Galiläa, was steht ihr da und seht zum Himmel? Dieser Jesus, der von euch weg gen Himmel aufgenommen wurde, wird so wiederkommen, wie ihr ihn habt gen Himmel fahren sehen.*«

›An die Arbeit, bis dahin‹, das sagen, mit anderen Worten, diese Gottesboten: Ihr habt einen Auftrag gekriegt.

14

Denn wenn ihr meint, nach all diesen Vorkommnissen schon am Ende der Zeiten zu leben, so lasst euch sagen: Menschenzeit ist nicht Gotteszeit.

Die ist eurer Vorstellungskraft entzogen. Aber für die Menschenzeit, die durch euer Zeugnis eine andere Dimension erhält, seid ihr verantwortlich. Was steht ihr da und seht zum Himmel! Hier spielt die Musik.

## Himmelfahrt – ein antikes Erzählschema

Wie kommt Lukas, und nur er, unter den vier Evangelisten auf das Motiv der Himmelfahrt?
Ganz einfach: Es stand bereit. Es war damals ein etabliertes Erzählschema und ein Modell der Erhöhung, das man großen Gestalten zubilligte.

Sie glauben das nicht?
Dann lesen Sie mal, was der römische Historiker Titus Livius in seinem Geschichtswerk über den ersten König der Stadt Rom, über Romulus zu berichten weiß:

*»Romulus hielt eines Tages vor den Mauern der Stadt eine Volksversammlung ab, um das Heer zu mustern. Da brach plötzlich ein Unwetter los mit furchtbarem Getöse und Donnerschlägen. Es hüllte den König mit einer so dichten Wolke ein, dass es seine Gestalt den Blicken der Volksversammlung entzog. Danach war Romulus nicht mehr auf Erden [...].*
*Als das heitere und ruhige Licht zurückgekehrt war, verharrte das römische Volk dennoch lange in traurigem Schweigen, wie getroffen von der Furcht, verwaist zu sein, wenn es auch den Senatoren glaubte, die in nächster Nähe*

*gestanden hatten, dass Romulus durch einen Sturmwind in den Himmel entrückt worden sei.«*

So zu lesen in einem schönen und hilfreichen Buch: »Die Bibel«. Erschlossen und kommentiert von Hubertus Halbfas.

Himmelfahrten, umgeben mit Elementen des Numinosen, sind in der antiken, aber auch der jüdischen Welt eine Form der Huldigung und Würdigung des Exzeptionellen.

Es gibt Himmelfahrtsgeschichten bei den alten Griechen von Herakles, Empedokles, Alexander dem Großen. Im Alten Testament fährt der Prophet Elija in einem feurigen Wagen zum Himmel auf. Das Judentum kennt die Legende der Himmelfahrt Mose.
Die katholische Welt feiert die Himmelfahrt Mariä.
Auch der Prophet Mohammed steigt in den Himmel auf.
Und immer meint das kein historisches Ereignis, sondern eine Auszeichnung, eine »Heraus-Hebung« im wahrsten Sinn des Wortes.

## Was feiern wir an Himmelfahrt?

Wenn wir also Himmelfahrt nicht als ein historisches Ereignis feiern: Was feiern wir dann?
Die Königsherrschaft Christi, sagen die einen.
Seine Thronbesteigung zur Rechten Gottes.
Seine Teilhabe an der göttlichen Herrschaft.

Ich kann mit diesen triumphierenden Aussagen wenig anfangen. König, Thron, Herrschaft – das bleibt mir fremd. Das rückt den Auferstandenen wahrlich ganz weit weg von mir.

16

Ich sage es mal vorsichtig: Wir feiern an Himmelfahrt einen Brückenschlag.

Die eine Verankerung gründet in Weihnachten.
Gott wird Mensch und setzt sich um unsertwillen einem menschlichen Schicksal aus.

Die andere gründet in Himmelfahrt. Der Weg des Menschensohns ist vollendet, Christus vereint sich wieder mit Gott, schreibt in dessen Bild seine liebevollen menschlichen Züge ein.

Entstanden ist so eine Brücke der Hoffnung.
Wer sie betritt, gibt seinem Leben eine andere Richtung.
Wer auf ihr weitergeht, darf sich an die Hand genommen fühlen, getreu dem Jesus-Wort, das uns Johannes weitersagt: » *Wenn ich erhöht werde von der Erde, will ich sie alle zu mir ziehen.* «

Himmelfahrt: die Brücke.
Himmelfahrt: die ausgestreckte Hand.

Tastende Bilder sind das, die in bewusstem Gegensatz stehen zu dem, was uns Gemälde und Kirchenfenster über die Jahrhunderte als Vorstellung von Himmelfahrt vor Augen gestellt haben.

Da sehen wir Christus, von Licht umflossen, im Wolkenfahrstuhl auf dem Weg nach oben, während drunten, wie vor den Kopf geschlagen, die verwirrten Jünger zurückbleiben.

Rembrandt hat das besonders prächtig inszeniert, aber auch die italienischen Maler Tintoretto oder Mantegna haben sich mit diesem Motiv, frühes Beispiel einer religiösen Eventkultur, alle Mühe gegeben.

Eigentlich waren sie dabei von einem ähnlichen Impuls beseelt, der heute die Lichtdesigner antreibt, Kirchen und Banken, Brücken und Museen, Lagerhallen und Hochhäuser, kurz: unsere ganze gebaute Alltagswelt durch Licht-Inszenierungen zu verwandeln, ihnen eine zweite immaterielle Wirklichkeit zu verleihen.

Der Rhein-Main-Raum hat das gerade wieder bei der Luminale erlebt, diesem alle zwei Jahre stattfindenden Festival der Lichtkultur.

Ohne dass auch nur ein Stein verrückt wurde, sahen wir ein paar Abende lang unsere Städte radikal neu. Es war die Lichtführung, die ihnen ein neues Gesicht gab und Vertrautes in Geheimnisvolles verwandelte.

Etwas von dieser Lichterfahrung, dieser Verwandlung der Welt durch eine neue Beleuchtung, steckt auch in Himmelfahrt und in der Himmelfahrtsgeschichte. Die Maler haben dem Ausdruck verliehen.

## Was meinen Christen, wenn sie vom Himmel reden?

Nun aber möchte ich über das Wort nachdenken, das im Namen dieses Tages an erster Stelle steht: Himmel.

Was meinen Christen , wenn sie vom Himmel reden?

Meinen sie das gleiche wie der Schamane, der von Oberwelt, Mittelwelt und Unterwelt spricht und sich auf seiner schamanischen Seelen-Reise frei zwischen diesen Welten bewegt?

Nein, sie meinen etwas anderes, aber dem Menschen ist die Vorstellung von der Dreistöckigkeit der Welt seit Urzeiten offenbar tief in die Seele gesenkt.

Wir finden sie in allen Kulturen. Wir bekräftigen sie in jedem Glaubensbekenntnis: »*hinabgestiegen in das Reich des Todes*«, »*aufgefahren in den Himmel*« – und wissen doch zugleich, dass dies nur mythische Hilfskonstruktionen sind, die von keiner Weltraumforschung gedeckt werden.

Den Glaubenden ficht das nicht an. Es gibt eine innere Gewissheit jenseits aller Messbarkeit. Auf den Himmel als Vorstellungsraum können wir nicht verzichten. Auf den läuft alles zu. Ein Erwartungshorizont ist das von wahrhaft unermesslicher Bedeutung. Alle Jenseitshoffnung gründet hier.

Für Menschen, die sich in ihrem Leben und Sterben von dieser Hoffnung tragen lassen, ist Himmelfahrt darum ein ganz zentraler Feiertag.

## Himmelschlüssel suchen

Was ist den Christen der Himmel?
»Der Himmel ist meine Heimat«, sagte neulich ein Pfarrer zu mir. »Aber ich habe es nicht besonders eilig, dort hin zu kommen.«
In meinem Leben gab es Zeiten, da habe ich das ganz anders gesehen. Da hatte ich es sehr eilig, dahin zu kommen.

Jeden Abend betete ich darum, sofort und noch in dieser Nacht in den Himmel zu kommen. Auf Erden wollte ich nicht länger sein, und ich hatte gute Gründe dafür.

Gründe, die alle Kinder dieser Welt nachvollziehen können, die wehrlos und verständnislos den Schrecken der Kriege ausgesetzt sind, wie ich damals, in den Bombennächten des Ruhrgebiets.

Denn welches Kind kann sich dem Leben anvertrauen, wenn es erlebt, dass ihm täglich nach dem Leben getrachtet wird?

Himmelwärts, hieß also meine Parole. Zurück ins Paradies. Und dies bitte sofort und schmerzlos.

Doch Gott schien mich nicht zu hören.
War ich nicht fromm genug?
Musste man mehr tun als mittags und abends zu beten und nicht zu lügen?
Fehlte mir etwas, ohne das ich nicht in den Himmel kommen würde?

Eines Tages, es war an einem Himmelfahrtstag noch während des Zweiten Weltkriegs und ich war auf Besuch bei schwäbischen Verwandten, sagte meine Cousine zu mir: »Komm, wir gehen Himmelschlüssel pflücken. Ich weiß einen Platz, wo es ganz viele davon gibt.«

Himmelschlüssel – das fünfjährige Großstadtkind kannte diese Blume nicht.
Es kannte auch den Namen nicht.
Himmelschlüssel: Ich wurde ganz aufgeregt.
War es vielleicht das, was mir fehlte? Ein Schlüssel zum Himmel? Und jetzt? Jetzt sollte ich ihn so einfach finden?

Wir liefen los und kamen bald auf eine Wiese, die auf einer Seite von einer Felswand begrenzt wurde und über und über mit Büscheln zartgelber Blumen bestickt war: *Primula veris*, dieser eher bescheidene, selten gewordene Frühlingsblüher mit der Traube nickender gelber Glöckchen an ei-

20

nem aufrechten Stängel, umgeben von einem Kreis lanzett-
förmiger runzliger Blätter.

War ich enttäuscht? Nicht eigentlich.
Denn ich hielt es nach wie vor für möglich, dass auf eine
mir noch unbekannte Weise diese freundliche Blume mit
dem zarten Duft wirklich jene Kräfte besäße, mir den
Himmel aufzuschließen.

Woher sollte sie denn sonst ihren Namen haben?

Ich pflückte dicke Sträuße davon. Den einen schenkte ich
der Tante, den anderen stellte ich neben mein Bett. Am
Abend trug ich, wie sonst auch, Gott meinen Wunsch vor
und schlief in etwas bänglicher Erwartung ein.
Würden die Himmelschlüssel tun, was ihr Name mir ver-
hieß? Würden sie mir den Himmel aufschließen?

Aber Gott ließ mich hängen. Am nächsten Morgen war ich
immer noch nicht im Himmel – und spätestens beim Früh-
stück auch eigentlich ganz froh darüber.
Weiterleben war die Botschaft. An die Arbeit, könnte man
auch sagen.

Eigentlich müssten wir über den Himmel schweigen.
Himmel – das Wort hat in unserem Alltag durchaus seinen
Platz. Immer bedeutet es eine Steigerung. Himmlische Ge-
fühle sind mehr als ein bloßes Wohlgefühl. Und wer sich im
Siebten Himmel wähnt, der spricht von der Erfahrung
wunschlosen Glücklichseins.

Doch der Himmel der Himmelfahrt ist damit nicht gemeint.
Er entzieht sich der Beschreibbarkeit.
Eigentlich müssten wir über den Himmel schweigen.
Denn als Auflösung aller Widersprüche, als Überwindung
aller Trennung, aller Feindschaft, aller Schmerzen, alles

Vorläufigen umschreiben wir mit dem Begriff Himmel etwas, was kein Auge je gesehen, kein Ohr je gehört, keine Vorstellung je erreicht hat.

Und doch können wir nicht aufhören davon zu reden. So wie wir nicht aufhören können von Versöhnung und Erfüllung, von Frieden und Gerechtigkeit, von Gemeinschaft und Liebe, von Gottesnähe und von Gottes Glanz zu reden und danach zu suchen.

Himmel ist, so betrachtet, eine Sehnsuchtsvokabel. Es ist die vorgestellte Erfüllung des Prinzips Hoffnung. Kein Ort, sondern ein Zustand. Ein Zustand der Fülle, in dem der Mensch zu dem wird, was als Anlage sein Erbteil ist: ein Ebenbild Gottes.

Dieser Himmel ist kein Gegensatz zur Welt. Er flieht sie nicht. Im Gegenteil: Er durchdringt sie.

Jesus selbst hat dafür ein schönes Bild gebraucht. *»Das Himmelreich«*, sagt er, *»gleicht einem Sauerteig, den eine Frau nahm und unter drei Scheffel Mehl mengte, bis alles ganz durchsäuert ist.«*

Martin Buber, der jüdische Religionsphilosoph, hat mit einer kurzen Parabel ähnliches ausdrücken wollen: »Einmal brachte eine Mutter ihren Sohn zum Rabbi. Der sagte zu dem Jungen: Ich gebe dir einen Gulden, wenn du mir sagst, wo Gott wohnt. Er antwortete: Und ich gebe dir zwei Gulden, wenn du mir sagen kannst, wo Gott nicht wohnt.«

Der Himmel – das wäre also: ein anderes Wort für Gott. Kein Oben und kein Unten, sondern ein Mitten unter uns. Und auch ein Miteinander.

Niemand kann sich selbst zum Himmel werden.
Wohl aber kann ich mir selbst die Hölle bereiten.

Himmel als das Gegenteil von Vereinzelung.
Als die Vereinigung von Schöpfer und Geschöpf.
Als ein Außer-sich-Sein und ein In-sich-Tragen.
Ein Erkennen und Erkannt Werden.

Himmel – das andere Wort für Seligkeit.
Der Schlüssel dazu wächst nicht auf einer Wiese.
Den Schlüssel dazu hat uns der auferstandene Christus zugeworfen: *»Ich bin die Tür, wenn jemand durch mich hineingeht, wird er selig werden.«*
Und Paulus bekräftigt das: *»Denn von ihm und durch ihn und zu ihm hin sind alle Dinge.«*

Das ist mystische Sprechweise, alltagsfremd und ungewohnt für unsere Ohren. Und doch scheint sie mir die einzig angemessene Form zu sein, wenn es darum geht, das zur Sprache zu bringen, was an Himmelfahrt zur Sprache gebracht werden will.

Die Sprache der Mystik ist auch so eine Brücke. Sie verbindet die Leidenschaft der Nähe mit der Ehrfurcht vor der grundsätzlichen Unauslotbarkeit Gottes. Sie liebt darum das Paradoxe und besteht darauf, zwischen Himmel und Erde, zwischen Gott und Mensch keine unüberbrückbaren Grenzen zu ziehen. In der Sprache der Mystik kann selbst ein Blümlein zum Himmelschlüssel werden.

Die Bibel ist durchzogen von diesem Grundgedanken: Wir sind in Gott und Gott ist in uns. Wir sind ein Handlungsort Gottes. Der Acker, in den er seinen Schatz vergräbt. Das Feld, in das er seine Saat wirft.
Wird der Schatz gefunden, geht die Saat auf – dann wird Himmel.

Der Schweizer Dichter und Pfarrer Kurt Marti hat all das in nur zehn Zeilen zusammengefasst. Wir finden sie im Evangelischen Gesangbuch.

*Der Himmel, der ist, ist nicht der Himmel, der kommt,*
*wenn einst Himmel und Erde vergehen.*
*Der Himmel, der kommt, das ist der kommende Herr,*
*wenn die Herren der Erde gegangen.*
*Der Himmel der kommt, das ist die Welt ohne Leid,*
*wo Gewalttat und Elend besiegt sind.*
*Der Himmel, der kommt, das ist die fröhliche Stadt*
*Und der Gott mit dem Antlitz des Menschen.*
*Der Himmel, der kommt, grüßt schon die Erde die ist,*
*wenn die Liebe das Leben verändert.*

# FRÖHLICH GLAUBEN

Den Christen wird oft der Vorwurf gemacht, sie müssten fröhlicher sein, wenn ihr Glaube wirklich etwas taugen sollte.

Da spürt die Umwelt schon etwas Richtiges. Fröhlichkeit und Glaube, das ist in vielen Bibeltexten unmittelbar aufeinander bezogen. Vor allem in den Psalmen, die voll sind von der Aufforderung, fröhlich zu sein.

»*Der Gottlose hat viele Plage*« heißt es da zum Beispiel im 32. Psalm, »*wer aber auf den Herrn hofft, den wird die Güte umfangen. Freuet Euch des HERRN und seid fröhlich ihr Gerechten,/ und jauchzet, all ihr Frommen.*«

Weit weg von solcher Emphase ist ein Bericht aus der Apostelgeschichte, in dem für mich die Verbindung von Glaube und Fröhlichkeit besonders anschaulich wird.

Die Geschichte spielt auf der Straße zwischen Jerusalem und Gaza. Ein feudaler Reisewagen rumpelt über diese Straße und in dem sitzt ein Mann, der gerade eine Wallfahrt hinter sich hat. Es ist der Finanzminister, der Kämmerer der Königin von Äthiopien, und er hat sich aus diesem fernen Land nach Jerusalem aufgemacht, 3000 Kilometer weit. Um im Tempel anzubeten. Jetzt ist er auf der Rückreise und betreibt so etwas wie Nachbereitung.

Er liest in der hebräischen Bibel, und zwar den Propheten Jesaja, einen der wirkmächtigsten Texte im Alten Testament. Doch was er liest, bleibt ihm rätselhaft.

Da kreuzt, ist es Zufall oder Schicksal, ein Mann seinen Weg. Der sieht den Lesenden auf seinem Wagen und stellt ihm die wunderbare, die immer wieder zentrale Frage: »Verstehst du auch, was du liest?«

Nein, er versteht nicht. Der Kämmerer bittet den Fremden, bei dem es sich um den Wanderprediger Philippus handelt, aufzusteigen und mit ihm in den Text zu schauen: »Was soll diese Rede, von einem, der wie ein Lamm zur Schlachtbank geht, sich martern und ohne Widerspruch töten lässt und dennoch im Heilsplan Gottes eine entscheidende Rolle spielt? Wer ist gemeint?«

»*Da tat Philippus den Mund auf*«, heißt es im Text weiter, »*und predigte ihm das Evangelium von Jesus Christus.*«

So knapp, so lakonisch kann von der entscheidenden Botschaft des Neuen Testaments die Rede sein, die da lautet: Gott selbst durchschreitet in Christus den Tod, damit wir Zukunft haben.

Die Nachricht elektrisiert den Kämmerer. Und als er am Weg ein Gewässer sieht, erbittet er unverzüglich die Taufe. Ein Mann von Entscheidung.

Philippus tauft also unseren Finanzminister und das Letzte, was wir von ihm hören, ist der schöne Satz: »*Er aber zog seiner Straße fröhlich.*«

Fröhlichkeit ist etwas, das von innen kommt. Sie hat mit innerer Gelassenheit zu tun, mit der lebensverändernden Entscheidung, sich nicht nur selbst im Regiment zu sehen.

Sie hat nicht unbedingt mit erfreulichen Umständen zu tun.

Von Dietrich Bonhoeffer zum Beispiel wird gesagt, er habe selbst im Gefängnis noch Fröhlichkeit ausgestrahlt. Heiter, gelassen und fest, wie ein Gutsherr auf seinem Schloss, sei er seinen Bewachern gegenübergetreten und habe die Tage des Unglücks gleichmütig, lächelnd und stolz getragen, wie einer der Siegen gewohnt ist.

Die Kraft, die daraus spricht, hatte er nicht nur aus sich selbst. Er bezog sie aus der Entscheidung, die auch der Kämmerer getroffen hatte: Der Entscheidung, sich zu verankern in dem, der Himmel und Erde gemacht hat. Das stellte seine Füße auf weiten Raum. Selbst im Gefängnis. Fröhlichkeit ist innerer Freiraum.

# DER KATHOLISCHE LUTHER

Die Protestanten sind dabei, ihren Luther wiederzuentdecken.

Im September 2008 wurde mit einem feierlichen Gottesdienst in Wittenberg die Luther-Dekade ausgerufen, eine Zeitspanne, die auf den 500. Jahrestag von Luthers Thesenanschlag zuläuft und am 31. Oktober 2017 mit zahlreichen Feierlichkeiten zum Jubiläum der Reformation ihren Höhepunkt finden wird.

Damit rückt nicht nur der Mann, damit rückt auch der Ort – nämlich Wittenberg – wieder stärker ins öffentliche Bewusstsein. Das protestantische Deutschland, dessen Zentren in den neuen Ländern liegen, gewinnt an Gesicht. Lutherstätten im ganzen Land werden davon profitieren.

In Luthers Taufkirche zum Beispiel, in der St. Petri Kirche in Eisleben, wurde am 10. November 2008 mit Gästen aus aller Welt ein Taufgedächtnis-Gottesdienst gefeiert.
Denn natürlich wurde das Knäblein, das am 10. November 1483 in Eisleben zur Welt kam, noch am gleichen Tag getauft. Wie es guter katholischer Brauch ist.

Katholischer Brauch?
Ich benutze diese Vokabel ganz bewusst.

Denn das geht für viele bei der neuen Lutherbegeisterung zunächst einmal unter: Luthers geistliche Heimat war die katholische Kirche. Als Katholik wurde er geboren, getauft, gebildet.

Mit 22 Jahren trat er in Erfurt in den Augustinerorden ein, legte ein Jahr später das endgültige Mönchsgelübde ab, wurde wieder ein Jahr später, 1507 zum Priester geweiht – und hatte bei alle dem nur eine Frage:»Wie kriege ich einen gnädigen Gott?«

Denn je tiefer dieser katholische Priester in die Heilige Schrift eindrang, umso deutlicher wurde ihm, dass die damalige Praxis eines schwunghaften Ablasshandels, der einem verlotterten Klerus die Taschen füllte, kein geistlich vertretbarer Weg war.

»Welch ein Anblick für einen Christen«, heißt es in einer zeitgenössischen Klage, nachzulesen im Katalog der Wittenberger Martin-Luther-Ausstellung 2003. »Diese Verödung der Kirche, alle Hirten sind von ihren Herden gewichen, sie sind alle Söldnern anvertraut. Wehe, wer gibt meinem Augen den Quell der Tränen [...]. Der Weinberg des Herrn ist verwüstet.«

Luther wollte nichts anderes als den Weinberg seiner katholischen Kirche wieder in ein geistlich fruchtbares Land verwandeln. Er wollte keine neue Kirche gründen. Doch die Eskalation der Auseinandersetzung und Verfolgung ließ ihm am Ende – wollte er nicht alles verraten, was ihm heilig war – keine andere Wahl.

Das wird inzwischen auch auf katholischer Seite anerkannt. Luther verlangt mir Respekt ab, bekennt ein Kommentator auf den Internetseiten von Radio Vatikan. »Dieser katholische Priester wird zum Vorreiter vieler, die in den letzten fast 500 Jahren aus Liebe zu Christus und eben seiner Kirche Wege gegangen sind, die die Mutter Kirche nicht mehr begleiten konnte. Luther wollte seine Kirche nicht zerstören, er wollte sie heilen und auf den guten Weg zurückführen.«

Respekt vor Luthers Motiven auf katholischer Seite. Respekt vor Luthers katholischen Wurzeln auf der protestantischen Seite – so wünsche ich mir das Gespräch über den Reformator.

# FRITZ UND LEA

Sie sitzen sich am Küchentisch gegenüber wie ein altes Ehepaar und reden über Gott und die Welt. Das ist ganz wörtlich zu nehmen.

Christ sein heute und die Zukunft der Kirche sind so selbstverständliche Themen wie die Kinder Jojo und Trixi, der Hunger in Afrika oder die Frage, ob *er* nicht ein bisschen zu kritisch und *sie* nicht ein bisschen überaktiv ist.

Die sich da gegenübersitzen, trauen sich, den Andern kritisch zu spiegeln. Sie finden sich dann wieder im Lachen über ihre Unterschiedlichkeit. Man kann viel von den beiden lernen.

Sie heißt Lea und ist heute 71, er heißt Fritz und ist heute 75 Jahre alt.

Seit mehr als dreißig Jahren sind sie einander verbunden. Nicht in einer Ehe. Denn Fritz ist Pallotiner-Pater und Lea gehört dem Orden der Weißen Schwestern an. Sie leben zölibatär.
Dennoch führen sie mit Zustimmung ihrer Orden einen gemeinsamen Haushalt, in gemeinsamer Verantwortung für die von ihnen betreuten Kinder ohne Elternhaus. Der gelehrte Theologe Fritz Köster hat ihnen womöglich schon öfter den Hintern abgewischt als die hochaktive Nonne Lea

Ackermann. Sie nämlich ist mit der Organisation des von ihr begründeten Hilfswerks für Frauen in der Prostitution, genannt »Solwodi«, voll ausgelastet und sehr bekannt geworden. Erst kürzlich wurde sie in München mit dem Romano-Guardini-Preis ausgezeichnet. Es ist die zehnte Auszeichnung, die sie für ihr Engagement einheimsen konnte.

Lea ist die Macherin, Fritz der Nachdenkliche. Er hat einige kluge Bücher geschrieben, in Afrika in der Mission gearbeitet; heute reicht die Kraft nur noch für Küchengespräche. Aber was für welche! Dass sie nun in Buchform vorliegen, ist ein Glück: Lea Ackermann und Fritz Köster: Über Gott und die Welt. Gespräche am Küchentisch.

Es ist für mich als Protestantin immer wieder faszinierend zu erleben, welche Freiheit des Denkens in den Nischen der großen katholischen Kirche zu Hause ist.

Da ist zum Beispiel die Frage nach dem Umgang mit dem Zweifel. Dem Zweifel an der Existenz Gottes, dem Zweifel an der Weisheit der Kirche, der Alleinstellung des Christentums.

Fritz Köster liebt die Zweifler und nimmt sie ernst. Viele Christen hingegen empfindet Pater Köster wie »Steine in einem Fluss, von außen von Wasser umspült, innen trocken und unberührt!« Anhänger eines »Schaufenster- und Eventchristentums« nennt er sie.

»Es interessiert Jesus nicht«, sagt der Pater, »ob befolgt wurde, was Bischöfe oder Hohe Priester befahlen.« Die konkrete Zuwendung zum Mitmenschen ist entscheidend, denn »was ihr für einen meiner geringsten Brüder getan habt, das habt ihr mir getan.«

Überhaupt ärgert es den Pater, dass »alles religiöse Leben ums Kirchliche kreisen muss. Um den Erhalt von Kirche, um das Füllen von Kirchen und das Auswendiglernen des Katechismus. Aber in der Bibel kreist überhaupt nichts um Kirche«, sagt er, »schon gar nicht um Dogmen. Dort kreist alles um das Heil der Welt, um das Heil der Menschen. Das ist der kleine Unterschied.«

Für die beiden Ordensleute am Küchentisch ist das Christentum keine Wahrheitsfrage, sondern eine Lebensform. Aus der Rückbindung an Gott erwächst innere Sicherheit.

Schwester Lea sagt es so: »Ich bin frei und kann handeln.«

# VERSCHWENDUNG NEU GESEHEN

»Macht bloß keine Umstände!« – Das ist doch, neben einer erfreuten Zusage, die Standardformel, mit der wir auf die Einladung unserer Freunde reagieren. »Macht bloß keine Umstände. Ich weiß doch, wie wenig Zeit ihr habt.«

Und dabei genieße ich es so, ein bisschen verwöhnt zu werden. Mit Blumenschmuck und Stoffservietten, mit einer liebevoll ausgedachten Speisenfolge, mit Gastfreundschaft, die sich Zeit nimmt.

»Komm bloß nicht zum Bahnhof. Ich nehme die S-Bahn«, pflege ich meiner Schwester jedes Mal zu sagen, wenn ich mal wieder zu ihr nach Hamburg fahre. Ich weiß doch, dass die Strecke zwischen ihrem Stadtteil und dem Zentrum gut 45 Minuten Fahrzeit bedeutet, vor allem während der *Rushhour*.

Und wie freue ich mich, wenn sie dann doch am Bahnhof steht! Die Mühsal auf sich genommen hat, einen Parkplatz zu finden und mir nun fröhlich zuwinkt: eine, die zu mir gehört unter all den fremden Menschen.

Der Rechnung mit dem Rotstift hält das alles nicht stand. Das Abholen am Bahnhof ist pure Verschwendung von Ressourcen. Es kostet Zeit und Energie, trägt zur Verstopfung der Innenstadt bei.

Der Aufwand, den meine Freunde nicht treiben sollen, wäre Investition in Dinge, die sich streng genommen nicht mehr rechnen.

Einmal eine halbwegs anständiges Set Kunstblumen gekauft, und ich bin die Ausgaben für frischen Blumenschmuck für lange Zeit los.

Eines der zehn Gerichte gekocht, die mir ohne langes Nachdenken von der Hand gehen, und ich habe Zeit und Geld gespart.

Weiße Damasttischdecken, die nach dem Abend gleich in die Wäscherei gegeben werden müssen, haben sowieso ausgedient.

Das geht alles viel praktischer, nicht minder herzlich, und vor allem ohne Umstände.

Da irritiert es schon, wenn die populäre evangelische Fasten-Aktion »Sieben Wochen ohne …« vor einiger Zeit genau dafür plädierte: Sich Umstände zu machen. Sich Zeit zu nehmen. Großzügig zu sein. Das Genießen zu kultivieren. Dem Gespräch Raum zu geben. Verschwenderisch zu sein mit den Gesten der Liebe, der Freundschaft und der Zuwendung.

»Sieben Wochen ohne Geiz« hieß 2008 das Motto, unter das sie die Wochen von Aschermittwoch bis Ostern gestellt hatte. Wer den attraktiven Begleitkalender durchlas, den man wie in jedem Jahr über einen Mausklick unter www.7-wochen-ohne.de bestellen konnte, der begriff schnell: Das ungewöhnliche Thema war die christliche Antwort auf den unsäglichen Werbeslogan »Geiz ist geil«.

Blatt für Blatt, mit Text und Foto, wurden wir eingeladen, zu investieren. In eine Verschwendung der Herzen.

»Die ständige Frage – was bringt es mir, was nützt es? – tötet jede spontane Geste«, heißt es im Vorwort. Eine soziale

Klimakatastrophe sei die Folge: Außen die Erderwärmung. Innen die Eiszeit kalter Berechnung. – Diesen Trend wollte die Fasten-Aktion umkehren.

Es gibt eine Geschichte in der Bibel, die die Kraft solcher spontanen Gesten, solcher Verschwendung aus Liebe sehr schön illustriert.
Es ist die Geschichte von der Frau, die sich ungebeten in ein Gastmahl drängt und Jesus mit einem sehr kostbaren Duftöl das Haupt salbt. Zur Empörung der Umsitzenden. Das Geld hätte man doch wahrlich nachhaltiger ausgeben können, zum Beispiel in der Armenpflege.

Doch Jesus nimmt die Frau in Schutz. Er versteht diese Geste der Würdigung seiner Einzigartigkeit. *»Sie hat getan, was sie konnte«*, sagt er, *»sie hat ein gutes Werk an mir getan.«* Und: Sie hat es zur rechten Zeit getan. Die Armen werden euch bleiben, weiß er. Ihnen könnt ihr immer Gutes tun. Mich aber habt ihr nicht mehr lange bei euch.

Fasten und Verschwenden – es liegt etwas Provokantes in dieser Verbindung.

Aber je länger ich darüber nachdenke, umso angemessener finde ich die Wiederentdeckung unserer eigenen verschwenderischen Möglichkeiten als Vorbereitung auf die Osterbotschaft.
Denn diese Botschaft konfrontiert uns noch mit einer ganz anderen Provokation und einer ganz anderen Verschwendung. Aus Liebe.

# DAS GETRÖSTETE GEWISSEN

## Gedanken zu einem Bibeltext

In Krisenzeiten haben die Kirchen Konjunktur. Die aus der Bahn Geschleuderten erhoffen sich praktische Hilfe. Die Politiker suchen Verbündete in der Vermittlung sozial verträglicher Wertsysteme. Statt »Geiz ist geil« und »Ich will alles und das sofort« sollen das geschwisterliche Teilen, die Mitverantwortung fürs große Ganze, die Wiederentdeckung nicht-materieller Lebensziele Vorbildcharakter erhalten.

Solche Tugenden einzuüben, hat in den Kirchen eine gewisse Tradition. Und zwar von Anfang an. In den Briefen, die die Apostel an die von ihnen gegründeten jungen Gemeinden schrieben, geht es nicht nur ums ewige Leben, sondern ganz konkret um ein gedeihliches Miteinander im Hier und Jetzt.

*»Ich wisst, wie ihr leben sollt um Gott zu gefallen und tut es ja auch«,* schrieb der Apostel Paulus etwa fünfzig Jahre nach Christi Geburt an die Gemeinde in Thessalonich, dem heutigen Saloniki. *»Aber es ist gut, wenn ihr darin weiterkommt. Ihr kennt ja die Regeln, die ich Euch gab und die ihr im Grunde nicht von mir habt, sondern von Jesus, dem Herrn selbst ...«*

Und dann wird Paulus ganz konkret:

*»Ihr sollt euch fernhalten von der Unzucht. Jeder soll mit seiner eigenen Frau verkehren und mit ihr nach Gottes Ordnung und in Ehren leben. Lasst euch nicht von den Leidenschaften treiben, wie die anderen Menschen draußen, die von Gott nichts wissen.*
*Ihr sollt euch auch im Geschäftsleben nicht über euren Bruder hinwegsetzen oder ihn im Handel betrügen [...], ich habe es euch damals mit allem Nachdruck gesagt. Denn Gott hat uns nicht zu seinen Kindern gemacht, damit wir danach unsauber, sondern damit wir heilig leben.*
*Wer nun meint er sei erhaben über all diese einfachen Regeln, der verachtet damit nicht so sehr die Menschen, die sich daran halten, sondern Gott, der sie gab.«*

Ungezügelte Sexualität und unlautere Methoden im Geschäftsleben – hier, so scheint es, ist der Mensch immer wieder und in immer neuen Variationen von nahezu grenzenloser Versuchbarkeit. Kinderpornographie, Anlagebetrug, Lebensmittelfälschung sind nur die jüngsten Varianten dieses uralten Themas. Auch Paulus wird Grund gehabt haben für seine Ermahnungen.

Und woher nimmt er seine Regeln? Was gibt ihnen Autorität?

Paulus bezieht sich auf die Zehn Gebote. Auf eine Ordnung also, die von weit her kommt. Mit ihnen, so erzählt die Bibel, hat Gott seinen Bund mit Israel besiegelt.

Jesus bezieht sich auf sie. Dass Christentum hat sie nie in Frage gestellt. Als Basis einer guten Ordnung für jedes menschliche Gemeinwesen sind die Zehn Gebote über die Zeiten hinweg verankert geblieben im Bewusstsein der Völker.

*»Du sollst nicht ehebrechen. Du sollst nicht stehlen. Du sollst nicht falsch Zeugnis reden wider deinen Nächsten. Du sollst nicht begehren deines Nächsten Hab und Gut ...«*

Die Zehn Gebote sind Anweisungen, die Beziehungen regeln. Die Beziehung zu Gott. *»Ich bin der Herr dein Gott. Du sollst keine anderen Götter haben neben mir.«* Und die Beziehung zum Nächsten, hier festgemacht an Fragen der ehelichen Treue und an Fragen der geschäftlichen Redlichkeit.

Bleiben wir bei dem Thema Ehebruch. Man kann die Warnung des Paulus vor den außerehelichen Leidenschaften lesen als typisches Zeugnis der vielzitierten Sexualfeindlichkeit des Christentums. Damit gewinnt man nicht viel.

Man kann sie lesen als einen wichtigen Schritt, innerhalb einer zutiefst patriarchalen Gesellschaft aus der Ehe mehr zu machen als eine Zweckgemeinschaft zur Befriedigung sexueller Bedürfnisse des Mannes und zur Kinderzeugung.

Dann wäre ausgerechnet Paulus, dem das vielzitierte Wort zugeschrieben wird, *»Das Weib schweige in der Gemeinde«*, ein Anwalt der Gleichberechtigung aus geistlichen Gründen?

Was er den Brüdern zur Auflage macht, nämlich die *»eigene Frau zu gewinnen suchen in Heiligkeit und Ehrerbietung«* – ist in der Antike alles andere als selbstverständlich. Es ist ein Appell, aus dem Wertschätzung spricht.

Ich denke da auch an eine Stelle im Galaterbrief, in der Paulus von der neuen Kleiderordnung spricht, die mit Christus in die Welt gekommen sei.
*»Denn ihr alle, die ihr auf Christus getauft sein, habt Christus angezogen. Hier ist nicht Jude noch Grieche, hier ist*

*nicht Sklave noch Freier, nicht Mann noch Frau: Denn ihr
seid allesamt einer in Christus.«*

Man kann freilich den Brief des Paulus an die Thessaloni-
cher auch ganz auf die geistliche Oberaufsicht reduzieren.
Dann geht es hier eindeutig um das Einhalten von Gesetzen
und Geboten. Denn daran soll man die Christen erkennen.
Das ist eine klare und nachvollziehbare Weisung.

Und dann habe ich mich gefragt, wie viel Verständnis der
Apostel Paulus wohl für Karl Barth gehabt hätte.
Karl Barth war einer der ganz großen Theologen des
20. Jahrhunderts. Die evangelische Kirche verdankt ihm
viel. Vor allem eine Neuausrichtung ihrer Haltung zum Judentum.

Doch die Geschichte, um die es hier geht, ist eine ganz pri-
vate. Es ist die Geschichte einer großen Liebe. Ich will sie
hier exemplarisch erzählen, weil sich danach die Frage, was
denn nun Gottes Wille sei, vielleicht etwas anders stellt.

Karl Barth, 1886 geboren, stammte aus einer alten Theolo-
genfamilie in Basel.
Mit 20 Jahren verliebte er sich in ein junges Mädchen, das
er gern geheiratet hätte.
Doch die Eltern waren gegen diese Verbindung und machten dem Sohn deutlich, dass er zu gehorchen hätte. »El-
ternwille ist Gotteswille«, so konnte damals noch argumen-
tiert werden.

Karl Barth heiratete einige Jahre später eine junge Frau aus
guter Familie, die er eigentlich kaum kannte und mit der
ihn, wie sich bald zeigte, im Sinne einer geistigen Partner-
schaft nichts verband. Er zeugte Kinder mit ihr, aber zu einer tieferen Begegnung kam es nicht.
Seine theologischen Fragen blieben ihr fremd, auch poli-

tisch war sie eher konservativ eingestellt. Sie einigten sich bald auf ein respektvolles Nebeneinander.

Karl Barth war in den 20er Jahren des letzten Jahrhunderts mit seinen Römerbrief-Kommentaren sehr bekannt geworden. Sein Denken, aber auch seine Persönlichkeit faszinierte die Menschen.

Eines Tages besuchte ihn auf seiner Hütte in den Bergen ein befreundeter Pfarrer. Er wurde begleitet von einer jungen Frau, einer Rote-Kreuz-Schwester mit ausgeprägten theologischen Interessen. Zwischen Karl Barth und dieser jungen Frau, Charlotte von Kirschbaum, genannt Lollo, funkte es, wie man wohl heute sagen würde. Karl Barth war damals Ende dreißig, Lollo sechsundzwanzig Jahre alt.

Sie löste sich in den nächsten Jahren Schritt für Schritt aus ihrem bisherigen Leben und wuchs hinein in die theologische Gedankenwelt Karl Barths. Sie wurde dem hochberühmten Professor als Mitarbeiterin, aber auch als Lebensgefährtin bald so unentbehrlich, dass er sie – Skandal, Skandal – in sein Haus mit aufnahm. *Ménage à trois* – für den Rest des Lebens.

Es war ein Lebensform, die zur Nachahmung nicht empfohlen werden kann.
Allen Beteiligten, vor allem aber den beiden Frauen, hat sie enorm viel Kraft und Haltung abverlangt.

Es war eine Konstellation, um die viel geweint, gestritten und gebetet wurde.
Und die sich doch als unauflösbar erwies. Denn weder wollte Nelly Barth sich scheiden lassen, noch konnten Lollo und Karl ihre tief verankerte Gemeinschaft zur Disposition stellen beziehungsweise auf dem Altar der bürgerlichen Konventionen opfern.

Er betrachtete es als seine Schuld, dass er Nelly zu einem Zeitpunkt, da er offenbar für eine solche Entscheidung noch nicht reif gewesen war, gefragt hatte, seine Frau zu werden, und ihr dann doch nicht der Mann sein konnte, den sie erwarten durfte.

Aber er betrachtete es anderseits als Geschenk des Himmels, dass Charlotte von Kirschbaum in sein Leben getreten war und dass hier von beiden Seiten ein »Ja« ohne Wenn und Aber war, ein auf Dauer gestelltes »Ja« zueinander.

Karl Barth, der große Theologe, ein Ehebrecher in Permanenz? Ist dies das Urteil, das wir fällen müssen?
Hätte Paulus ihn als Schandfleck der Gemeinde betrachtet?
Ihm die »Heiligung des Lebens« abgesprochen?
Ich weiß es nicht.

Und Karl Barth?
Er hat das schlechte Gewissen weder wegdiskutiert, noch hat er versucht, es durch ein gutes zu ersetzen.
In seinen Augen gehört ein schlechtes Gewissen zu den Gegebenheiten der menschlichen Existenz.

Der Mensch ist zwar unter die Zehn Gebote gestellt. Aber er ist nicht sein eigener Richter.
Er braucht sich nicht selbst zu verurteilen. Gott ist größer als unser Herz.
Die Bibel nennt das Gnade. Das soll unser Trost sein.

Und mit diesem »getrösteten Gewissen« lebten Karl Barth und Charlotte von Kirschbaum unter einem Dach mit Nelly Barth und den Kindern, in aller Öffentlichkeit als Paar, bis das der Tod sie trennte.

*»Wer unter Euch ist ohne Sünde, der werfe den ersten Stein auf sie.«*

# HEIMAT

# HEIMAT, WAS IST DAS?

## Kindheit im Schatten des Umzugwagens

Als ich acht Jahre alt war, bezogen wir die sechste Wohnung und nahmen Quartier in der fünften Stadt. Das war im März des Jahres 1945. Die neue Unterkunft war ein Dachboden in der westfälischen Kleinstadt Burgsteinfurt. Angefangen hatte mein Kinderleben in einer behaglichen Dreizimmerwohnung in Bad Kreuznach.

Für jeden dieser Umzüge gab es scheinbar gute Gründe: Die Karriere meines Vaters, eine größere Wohnung, Vaters Einberufung, Flucht vor den Bomben, Rettung vor Obdachlosigkeit, Neuanfang ... Doch lässt sich ausrechnen, dass die Verweildauer in diesen verschiedenen Herbergen kurz war, mitunter kaum mehr als ein Jahr.

Nicht ausrechnen lässt sich, was dieses häufige Umziehen an physischer Belastung für eine junge Frau mit sich brachte, die in diesen acht Jahren vier Kinder gebar – meine Mutter –, und was das an seelischen Kosten für alle Beteiligten bedeutete. Auch und gerade für die Kinder, denen sich die Gründe für dieses permanente Umgezogenwerden ja meist noch nicht erschlossen.

Doch Niemandem wäre in den vierziger Jahren in den Sinn bekommen, dass dieses ständige Entwurzeltwerden als eine traumatische Erfahrung erlebt werden könnte. Man dachte damals nicht in diesen Kategorien.

Deutschland hielt die Welt im Würgegriff des Krieges und der planmäßigen Vernichtung von allem, was als »undeutsch« empfunden wurde. Der nach außen getragene Krieg kam mit furchtbarer Wucht ins eigene Land zurück. Tag und Nacht heulten die Sirenen und kündigten den nahenden Bomberstrom an. Aus Städten wurden Brandstätten, mit Tausenden von Toten.

Und dann gab es noch die anderen Toten, die, von denen es hieß, dass sie »gefallen« seien. In schwarzumrandeten Anzeigen gaben ihre Angehörigen »in stolzer Trauer« davon Kunde. Auf den Vertikos standen die Fotos ernster junger Männer mit sehr kurzgeschnittenen Haaren, und wenn diese Schwarz-weiß-Fotos nachträglich handkoloriert wurden, um ihnen die Farbe des Lebens zurückzugeben, dann wusste ich bereits als Fünfjährige: Der ist nun tot.

Dass die Welt ein sicherer Ort sei – diese Überzeugung konnte sich bei mir gar nicht erst bilden.

Wenige Monate vor Kriegsausbruch waren wir in die Industriestadt Essen gezogen, die »Waffenschmiede des deutschen Reichs«. Ob meine Eltern damit rechneten, dass Krieg ausbricht, weiß ich nicht. Wahrscheinlich konnten sie es sich einfach nicht vorstellen.

Jedenfalls war Essen im Kriegsfall ein denkbar schlechter Aufenthaltsort. Hier erlebte ich als Kind spätestens seit 1942 heftige Bombardierung, sogenannte »Großangriffe«.

Statt süßer Kinderträume also Todesangst in bebenden Kellern. Kaum ins Leben getreten, empfand ich mich in eine Welt hineingeworfen, die mir täglich, nächtlich nach dem Leben trachtete. Der innere Alarmzustand hörte niemals auf.

Ein Umzug war, verglichen damit, eine vergleichsweise harmlose Sache. Er zeugte vor allem von Aktivität und nicht von Ohnmacht, diesem Grundgefühl in den Luftschutzkellern.

So empfand ich es damals und hielt mit der Zeit diese häufigen Orts- und Wohnungswechsel für eine Normalform menschlicher Existenz. Immer auf Wanderschaft. Immer bereit aufzubrechen. Nirgends auf Dauer zu Hause.
Heimat, das war für mich kein bestimmter Ort, sondern das, was immer mitwanderte. Die Eltern und Geschwister. Die Möbel und die Bücher und: Gott.

Denn das ließ sich nicht leugnen: Wo immer wir hinkamen – Gott war schon da.
Er hatte ein Haus, oft sogar mehr als eins, in jeder Stadt, in die wir zogen. Und in diesen Häusern wurden die gleichen Geschichten erzählt und die gleichen Lieder gesungen, die in den Gotteshäusern der anderen Stadt auch erzählt worden waren.

Zum Beispiel die Geschichte vom wandernden Gottesvolk.
Auf Gottes Geheiß hin hatten die Israeliten alle Sicherheiten in Ägypten aufgegeben und sich unter Moses Führung auf eine riskante Wanderschaft gemacht: Auf der Suche nach einem Land, von dem niemand wusste, wo es lag, das ihnen aber von Gott versprochen worden war.

Ungewöhnlich an dieser Geschichte erschien mir nie der Aufbruch, nie das Umherziehen auf der Suche nach einer neuen Heimat, sondern die Fürsorglichkeit Gottes, der der wandernden Schar, so erzählt es die Bibel, bei Tag als Wolkensäule, bei Nacht als Feuersäule voranzog.

Das poetische Bild hat mich damals freilich eher mit Unbehagen erfüllt. Denn Wolken- und Feuersäulen waren in meiner Kriegskindheit Boten des Unheils und nicht des Heils. So wörtlich durfte man es also nicht nehmen.

Was blieb, war die Erkenntnis: Gott schickt den Menschen auf Wanderschaft. Und geht mit. Die Heimat, die er verspricht, sehen wir nicht. Jede andere ist nur eine Zwischenstation dahin. Eine vorläufige Bleibe. Das relativiert alle irdischen Heimaten.
Ein Grundgefühl, das mir geblieben ist.

Schon lange bin ich nun im Frankfurter Raum zu Hause. Doch ihn als »Heimat« zu bezeichnen, kommt mir selbst nach dreißig Jahren nicht in den Sinn. Zu deutlich wurde mir, gerade mit zunehmender Sesshaftigkeit, dass Heimatgefühl mit einem Grundstock an gemeinsamer Erinnerung zu tun hat. Erinnerung an Klassenfahrten, an Lehrer und Lehrerinnen, an lokale Originale, den Pfarrer, der mich eingesegnet hat, an Tennisclubs und Sportvereine, erste Lieben und frühe Wanderungen hinein in die umgebende Landschaft.
Es sind Erinnerungen, die ich nicht teile. Hier beheimatet zu sein, ist ganz etwas anderes. als hier zugezogen zu sein.

Heute erleben wir rund um die Welt wieder gewaltige Wanderungsbewegungen. Es sind nicht nur die Arbeitsmigranten aus fernen Ländern. Auch die Deutschen sind, auf der Suche nach Arbeit, von diesem Strudel erfasst.
Zehn Millionen ziehen Jahr um Jahr bei uns um. Drei Millionen pendeln, oft Hunderte von Kilometern weit und das täglich. Sie können sich vom vertrauten Ort nicht lösen.

Doch die Soziologen haben längst herausgefunden: Von allen Bevölkerungsgruppen sind die Pendler mit ihrem Leben am unzufriedensten. Ihre Lebenszeit bleibt im wahrsten Sinn des Wortes auf der Strecke. Einen Umzug hingegen erleben die meisten Menschen am Ende doch als Vitalisierungsschub. Und das ist kein Wunder. Denn was jeder Efeuzweig kann, ist auch uns reichlich mitgegeben: die Fähigkeit, immer wieder Wurzeln zu treiben und immer wieder Halt zu finden.

Denke ich an meine Kindheit im Schatten des Umzugwagens, so sehe ich heute deutlicher als früher, was die Kosten eines solchen Wanderlebens sind und worin der Gewinn besteht.

Zu den Kosten gehört ganz sicher ein tief verwurzeltes Distanzverhältnis zu allem, was als »draußen« empfunden wird. Man bleibt jemand, der sich nie ganz zugehörig fühlt, unabhängig von jedem sichtbaren Engagement. Man bleibt jemand, der sich schwer damit tut, Freundschaften zu schließen, Nähe aufzubauen. »Wir gehen ja doch wieder«, war als Kind meine Grundüberzeugung, wenn ich mich in der neuen Schule in die letzte Reihe setzte und mir kaum die Mühe machte, mir die Namen meiner Klassenkameraden zu merken. Zu viele Abschiede führen zur Vermeidung von Abschiedssituationen.

Der Gewinn ist eine unzerstörbare Beziehung zu denen, mit denen ich die frühen Erinnerungen teile. Das waren die Eltern, das sind die Geschwister und nahe Verwandte, mit denen ich trotz großer Entfernungen in lebendigem Austausch stehe. Mein innerer Sicherheitskordon gewissermaßen.

Der Gewinn ist außerdem die Fähigkeit, neue Orte schnell in Besitz nehmen und gestalten zu können. Ich habe früh

gelernt, »mich einzurichten«. Im praktischen wie im über-
tragenen Sinne. Kein Ort kann je so fremd, ja so armselig
sein, wie es zeitweise ein Keller, später dann ein Dachboden
war, als dass man nicht doch noch etwas aus ihm machen
könnte.

Unvergessen ist mir da die erste Handlung meiner Mutter,
nachdem wir im März 1945 in diesen mit ein paar Press-
pappe-Wänden unterteilten Dachboden im Haus der westfälischen Verwandten eingezogen waren. Sie hatte irgendwo
noch einen Tapetenrest aufgetrieben und fertigte daraus einen Scherenschnitt, der ein Vogelnest mit vier jungen Vö-
geln zeigte. Ihre aufgerissenen Schnäbel sehe ich bis heute
vor mir. Und die anmutigen Ranken, die das Ganze rahm-
ten, auch. Den Scherenschnitt klebte sie an die braune
Pappwand und schrieb mit weißer Kreide darunter:

»Seid vergnügt, wir leben noch,
klingt es nicht, so rappelt's doch.«

Mit einem Schlag war das kein Dachboden mehr, sondern
unser »Starennest«, und als solches wurde es eine temporä-
re Heimat.

Und dann gab es noch etwas, was mir erlaubte, in diesem
Wanderleben so etwas wie innere Ordnung herzustellen.
Das war die Gewohnheit meiner Mutter, von jeder Wohnung, die wir bezogen, einen maßstabgetreuen Grundriss zu
erstellen. Alles war darin eingezeichnet: die verschiedenen
Zimmer, die Fenster, die Türen und ihr Aufschlag, Bad und
WC, Treppen und Treppenhaus, auch die Möbelstücke
fanden sich darin wieder. Jedes an seinem Platz. Sie hatte
das bei ihrem Vater gelernt, einem Architekten.

Diese Millimeterblätter wurden in die Familienchronik ein-
geklebt, mit Adresse und Angabe des Umzugdatums. Dort

habe ich sie mir wieder und wieder angeschaut. Noch heute kann ich von den vielen Wohnungen, in denen ich als Kind gelebt habe, die meisten genau beschreiben. Wo stand das Biedermeier-Sofa mit dem runden Tisch? Wo die weiße Wickelkommode? Wohin gingen die Fenster von Vaters Arbeitszimmer? Alles sofort verfügbar, alles unverlierbar, solange ich noch ein Gedächtnis habe.

Ich bin nicht an einem Ort, ich bin in meiner Erinnerung beheimatet.
Und in der Zuversicht, einmal anzukommen.

# AHNENFORSCHUNG

»Kein Wunder, dass du jetzt Zusprüche machst«, schrieb mir kürzlich mein Vetter Ulrich, »schließlich lassen sich unter deinen Vorfahren in der schwäbischen Linie seit Einführung der Reformation 64 Pfarrer und Theologen nachweisen.«

Mein Vetter Ulrich hat die Genealogie entdeckt.
Er betreibt Familienforschung und pflegt damit ein Hobby, das seit einigen Jahren immer mehr Anhänger gewinnt.

Das Internet hat die früher oft mühsame Recherche nach den Vorfahren deutlich erleichtert. Früher waren die so genannten Kirchenbücher die erste Quelle. Heute gibt es ein weltweites Netzwerk, das mehr als 5 Milliarden Daten aus 23.000 Datenbanken bereitstellt.

Der passionierte Familienforscher wird freilich noch viele andere Quellen kennen – geht es ihm doch nicht nur um Namen, sondern auch um Lebensläufe, Berufe, um das, was die Person zu ihrer Zeit darstellte und bewirkte. Er sucht Kontakt mit weitläufig Verwandten, sammelt Schulzeugnisse, Wanderbücher, Gesellen- und Meisterbriefe, Testamente, Grabinschriften, Firmenpapiere und Anstellungsurkunden, er sieht Adressbücher durch, Briefe, Tagebücher und was dergleichen Hinterlassenschaften mehr sind.

Warum gerade heute dieses neuerwachte Interesse an Genealogie? Dieser Wunsch, sich einen Stammbaum zuzulegen und den eigenen Ahnenstamm möglichst bis zu Karl dem Großen zurückzuverfolgen?
Ich behaupte mal: Es ist der Versuch, sich in einer multikulturellen Welt der je eigenen Identität zu versichern.

Genealogie ist nie zweckfrei. Auch nicht in der Bibel, wo der Evangelist Matthäus sich große Mühe mit einem irdischen Stammbaum Jesu gibt. Indem er den Gottessohn in gerader Linie auf Abraham und David zurückführt, stellt er ihn der Synagogen-Gemeinde als den erwarteten Messias vor. Als einen, der dazu gehört.

Dieser Nachweis, dass einer oder eine dazugehört, hat in der Geschichte der Genealogie im 20. Jahrhundert eine unheilvolle Rolle gespielt.

Mein Vater und mein Großvater waren emsige Familienforscher. Nicht ganz freiwillig.
Als Beamte im Dritten Reich waren sie darauf angewiesen, den so genannten Arier-Nachweis zu erbringen, also mit amtlichen Dokumenten belegen zu können, dass sie und ihre Frauen keinen jüdischen Elternteil hatten und dass auch von den vier Großeltern niemand sogenannt »fremdblütig« war.
Noch heute liegen die zwei Ahnenpässe in der Schublade meines Schreibtisches und was ich darin lese, macht mir ein unbefangenes Verhältnis zur neuerwachten Lust an der Ahnenforschung unmöglich.

Da ist von Rasse und von Blut die Rede. Von Sippe und von einem Volkskörper, aus dem die fremden, vor allem jüdischen »Blutseinschläge« wieder »auszumerzen« seien. »Erbgesundheit« wird beschworen und die »Bewahrung besten Menschentums«.

Auch der Psychologie wussten sich die Nazis zu bedienen. »Ahnenkult und Ahnenstolz«, heißt es im Nachwort dieses Ahnenpasses, »haben ihren tiefen Sinn. Es ist nicht gleichgültig, aus welchem Blut wir stammen; denn unsere Vorfahren gehen immer leise mit uns durchs Leben und färben, uns selber unbewusst, all unser Tun.«

An diesen Gedanken knüpfen die Ahnenforscher von heute gern an.

Sie verstehen sich als Hobby-Historiker, die etwas über die eigene unterschwellige Prägung in Erfahrung bringen möchten. Blut, Rasse, Sippe, Volkskörper gehören nicht mehr zu ihrem Vokabular. Doch ob ihnen die Untiefen der Ahnenforschung so ganz bewusst sind?

Mir jedenfalls reicht es, mich und die Menschen, die meinen Weg säumen, in all unserer Unterschiedlichkeit als Kinder Gottes anzusehen. Unabhängig von Nationalität, Ethnie, Hautfarbe und Kultur.

Nicht Spross an einem lupenreinen Stammbaum will ich sein, sondern Teil von Gottes buntem Haufen.

# DIE VERSTEIGERUNG

Ich kenne sie nicht, und doch umgeben mich die Zeugnisse ihres Lebens. Ich trinke Tee aus ihren dünnwandigen chinesischen Tassen und stelle sie auf ihrem dreibeinigen Beistelltisch ab.

Gern zünde ich auch die zwei Kerzen einer gehämmerten Wandleuchte aus Messing an. Da hat sie seinerzeit etwas sehr Qualitätsvolles erworben.

Am meisten aber genieße ich ihre Musikauswahl. Denn soviel weiß ich von ihr: Sie war Klavierlehrerin, und dieses auch von mir hochgeschätzte Instrument dominiert darum auch ihre CD-Sammlung.

Wie kamen diese Dinge in meine Welt?
Über eine Versteigerung.

Bisher kannte ich nur Kunst-Versteigerungen, solche, deren Gebote nachher in der Zeitung stehen. Spitzenpreis für einen frühen Warhol oder so.

Diese Versteigerung war etwas anderes. Hier wurde Lebensgeschichte verscherbelt.

Eine Freundin hatte uns darauf aufmerksam gemacht. Sie kannte die Klavierlehrerin und wusste, dass sie dringend darauf angewiesen war, aus all den Sachen, die sie mit der Übersiedlung in ein Altersheim hinter sich lassen musste, noch einen kleinen Erlös zu erzielen. Die Rente reichte kaum für die Mietkosten in der neuen Bleibe.

Ihr tut ein gutes Werk, sagte die Freundin, wenn ihr euch an der Versteigerung beteiligt.

Zur angegebenen Zeit fanden wir uns also in der Dreizimmerwohnung im Erdgeschoss eines älteren Hauses ein. Dreißig weitere Interessenten hatten sich ebenfalls auf den Weg gemacht, und der erste Anblick, der sich mir bot, war so abstoßend, dass ich am liebsten umgekehrt wäre.

Es hat etwas Obszönes, wenn Menschen in einer Wohnung, die sozusagen noch warm ist – will sagen, noch ganz und gar als das Gehäuse eines ganz bestimmten Lebens wahrgenommen wird –, herumgehen, die Kleider aus den Schränken holen, Schubladen aufziehen, mit gierigem Blick in einem Stapel abgetragener Teppiche wühlen, Fotoalben fleddern, im Bett ein Probeliegen machen, Tisch und Stuhl, Teller und Tassen auf ihre Brauchbarkeit prüfen und taxieren.

Ich weigerte mich zunächst daran teilzunehmen. Doch das änderte sich im Lauf des Tages.

Mehr und mehr blendete ich die unbekannte Besitzerin aus und setzte mich an ihre Stelle. Hatte ich nicht so eine Messing-Wandleuchte schon lange haben wollen? Und wäre dieser Beistelltisch nicht wesentlich hübscher als der, den ich hatte? Chinesische Teetassen in dieser Qualität fand man doch auch schon lange in keinem Chinaladen mehr. Ob noch Platz dafür wäre in meinem überfüllten Schrank, fragte ich nicht – und bot mit.

Mit großem Gepäck verließ ich die Wohnung der Klavierlehrerin.

Und mit einem schlechten Gewissen.

Brauchte ich diese Dinge? Nein, mein Haushalt war gut eingerichtet.

Gefielen sie mir? O ja, ungemein sogar.

Hatte ich zuviel Geld ausgegeben? Keineswegs, für lachhafte Beträge hatte ich sie erworben. Warum also das schlechte Gewissen?

Weil ich wissentlich und ohne Widerstand gegen den von mir so gern vorgetragenen Grundsatz verstoßen hatte: »Weniger ist mehr.«

Weil ich dem Glücksversprechen der Dinge erlegen war und doch genau wusste: Es ist nur eine Frage der Zeit, – dann werden fremde Menschen so durch *meine* Welt gehen, respektlos und taxierend, und aus meinem Zuhause einen billigen Marktplatz machen. Der Rest ist Sperrmüll.

Wir sind ein Gast auf Erden. Doch statt mobil zu bleiben, wie es einem Gast geziemt, umstellen wir uns mit Dingen. Die notwendigen Abschiede hält das nicht auf.

# UNSERE TREUEN BÄUME

Als meine Mutter schon sehr alt war und ihre Kräfte schwinden fühlte, war ihr ein Spaziergang ganz besonders wichtig. Der Spaziergang in ein nahegelegenes Waldstück, den sie noch aus eigenen Kräften schaffen konnte.

In diesen Wald ging sie gern und oft. Sie hatte dort einen Freund. Einen Baum.
Eine große alte Buche, deren glatte, grausilberne Haut sie streichelte, deren Stamm sie umarmte, in deren Schatten sie ausruhte.
Sie nannte ihn ihren Kraft-Baum, und ich bin sicher, sie hat aus seiner Nähe Kraft gezogen. Bäume haben eine erstaunliche Fähigkeit, Verletzungen auszugleichen und Schwächen zu kompensieren. Warum sollten sie davon nicht abgeben können?

Es ist ein eigen Ding um die Verbindung zwischen Mensch und Baum.

Wenn Kinder anfangen zu malen, gelten ihre Versuche als erstes diesen beiden Motiven. Mensch und Baum.

Es ist, als sei dem Menschen von Anfang an ein Wissen eingegeben, dass Bäume unsere engsten Verbündeten sind, oder wie die Indianer sagen: »Bäume sind unsere stehenden Brüder und Schwestern.«

Mit Hilfe der Bäume begann der Mensch, sich in der Welt einzurichten und ist bis heute, von der Papierherstellung über die Bauwirtschaft bis hin zur Energieversorgung, in tausend Bereichen des modernen Lebens auf das Holz der Bäume angewiesen.

Doch Bäume sind nicht nur Holzlieferanten und damit ein Wirtschaftsgut. Sie sorgen auch für gute Luft – nicht umsonst achten Städte und Gemeinden inzwischen penibel auf den Einhalt der sogenannten Baumsatzungen. Bäume, so haben sie erkannt, sind dem Menschen unverzichtbar.

Aber viel zu wenig ist die Rede von der Seele der Bäume. Von ihrer geistigen Dimension. Nur manchmal, wenn uns auf einer Waldwanderung oder auch in Park und Garten so ein Solitär begegnet, eine riesige Blutbuche vielleicht, eine gewaltig ausladende Eiche, wenn die Zweige einer großen Eibe an unser Fenster klopfen – dann steigt in uns eine Ahnung auf von der spirituellen Kraft der Bäume, die wir in allen Weltkulturen ausgedrückt finden.

Buddha hatte seine Erleuchtung im Schatten des Heiligen Pipalbaumes. Den Schamanen führt die Birke auf den Weg der Erkenntnis. An einer Eibe macht die nordische Mythologie ihre Vorstellung vom Weltenbaum Yggdrasil fest – und noch im »Baum der Erkenntnis«, den Gott ins Paradies pflanzt und dem Zugriff des Menschen entzogen wissen wollte, klingt etwas an von der mythischen Kraft dieses Gegenübers, das wir Baum nennen.

Mit der kultischen Baumverehrung der Naturreligionen hat die Bibel freilich nichts im Sinn. Ihr Gottesbild ist der Gegenentwurf dazu. »*Du sollst keine anderen Götter haben neben mir*« – das ist eindeutig.

Die Bibel macht den Baum dafür zum Sinnbild für den gefestigten, den gläubigen Menschen. *»Der ist wie ein Baum«*, heißt es in einem Psalm, *»gepflanzt an den Wasserbächen, der Frucht bringt zu seiner Zeit und seine Blätter verwelken nicht. Und was er macht gerät wohl.«*

Baum und Mensch. Die Beziehung ist enger als uns das Nützlichkeitsdenken nahe legt.
In unseren »stehenden Geschwistern« können wir uns wiedererkennen.

Die Dichter haben das immer gewusst.
»Er war mir wie ein Mensch«, heißt es in einem herbstlichen Text von Else Lasker-Schüler, »so lieb und noch heute. Er hat keine leuchtenden Wangen mehr, ist gelb geworden, gallengelb. Im vorigen Monat hingen Granaten an ihm und seine zarten Blätter waren lauter blühende grüne Spitzenjabots … Wie schnell er dahin siechte … täglich vergilbt matter sein mageres Blatt und die letzten verschrumpften Beeren fielen auf die Erde ins spärliche Gras: Granaten, Blutstropfen. Liebe. Abschied.«

Wie arm wären wir ohne unsere Bäume.

# VERGESSEN UND ERINNERN

Es vergeht fast kein Tag mehr, an dem nicht in irgendeiner Zeitschrift, in irgendeiner Sendung von Alzheimer die Rede ist. Von dieser unaufhaltsamen Zerstörung unseres Gehirns und damit unseres Gedächtnisses, die vor allem wir Älteren inzwischen als tiefe Sorge mit uns herumtragen.

Wer wird nicht unruhig, wenn er oder sie die Erfahrung macht, die uns wohlbekannten Gäste einer Party nicht mehr alle mit Namen begrüßen zu können. O Himmel, ist es schon soweit?

Vergesslichkeit, das Vergessen überhaupt ist zum Angstwort geworden.
Aus irgendeinem Grunde ganz besonders bei uns Deutschen. Andere Länder haben andere Angstworte.
In Indien, so habe ich mir erzählen lassen, fürchten die Menschen nichts so sehr wie den Verlust ihrer Haarpracht. Wahrscheinlich, weil sie sie mit dem Verlust an Vitalität gleichsetzen.

Wir aber sind fixiert auf das Vergessen. Woher diese Unterschiede?

Denke ich über die Gründe nach, so fallen mir mindestens drei ein.

Da ist zum einen die Bedeutung, die unsere Kultur der so-
genannten Persönlichkeit zumisst, jene volle Entfaltung der
Individualität, zu deren Ausprägung unverzichtbar der
Zugriff auf ganz spezifische Erinnerungen gehört.

Der Frankfurter Schriftsteller Wilhelm Genazino hat dieses
Thema einmal in einem schmalen Band aufgegriffen. Man
kann diesen Text kaum eine Erzählung nennen, eher eine
Sammlung von Briefen über die Angst, eines Tages mit aus-
gelöschtem Gedächtnis dazustehen. Schon der Titel drückt
diese Angst aus: »Das Licht brennt ein Loch in den Tag.«

Der beunruhigte Ich-Erzähler hat darum beschlossen, Erinnerungen, die ihm wichtig sind, bei seinen Freundinnen und
Freunden zu deponieren.
»Wenn der Notfall da ist«, so schreibt er an seinen Freund
Christoph, »das heißt, wenn ich mich selbst nicht mehr er-
innere, sollst du mir alles, was du von mir gehört oder gelesen hast, zurückerzählen.«
Über ein Leihgedächtnis hofft der Erzähler, die Spuren seines Lebens für sich retten zu können.

Der zweite Grund, den ich für die Ächtung des Vergessens
sehe, hat etwas mit der deutschen Geschichte zu tun, vor
allem mit dem Holocaust.
Wieder und wieder muss die Erinnerung an ihn beschworen
werden. Politik und Medien wollen in im Gedächtnis der
Generationen verankern, um seine Wiederkehr zu verhindern.

Auch die Psychoanalyse hat ihren Anteil an dem hohen Status, den alles sich Erinnern bei uns hat. Was ins Unbewuss-
te, sprich ins Vergessen abgedrängt wurde, muss ins helle
Licht der Erinnerung geholt werden, wenn ein neuer Anfang gelingen soll. Anstrengende Prozesse sind das. Der Er-
folg ist keineswegs garantiert.

Und schließlich bleibt als Urgrund der Abwehr des Vergessens auch die Religion.
Und zwar in ihrer jüdisch-christlichen Ausprägung.
Man kann sie lesen als eine Abfolge von Gedächtnis-Verträgen.

Den Anfang macht dabei ein Versprechen, in dem sich Gott für alle Zeiten festlegt.

Sie erinnern sich nicht mehr? Dann möchte ich Ihnen diese Geschichte zurückerzählen:

Das Stichwort heißt Noah.
Noah war der Mann, der mit Familie und allem Getier Gottes großes Strafgericht, die Sintflut, in der Arche überleben durfte. Als er wieder trockenen Boden unter den Füßen hatte, was tat er als erstes? Er baute einen Altar und feierte einen Dankgottesdienst. Inmitten all der Verwüstung.
Diese Geste der Erinnerung veränderte Gottes zornigen Blick auf das Menschengeschlecht und der Ewige beschloss: *»Ich will hinfort nicht mehr die Erde verfluchen um der Menschen willen. Und ich will hinfort nicht mehr schlagen alles was da lebt, wie ich getan habe. Solange die Erde steht, soll nicht aufhören, Saat und Ernte, Frost und Hitze Sonne und Winter, Tag und Nacht.«*

Damit dieser Bund zwischen dem Ewigen und allem Lebendigen für alle Zeiten und von beiden Seiten immer wieder erinnert wird, bestimmte Gott ein wiederkehrendes Naturschauspiel zum Zeichen: den Regenbogen.
Erinnern und Erinnertwerden war dem Allmächtigen wichtig geworden.

Einen Regenbogen zu sehen, macht auf eine fast kindliche Weise glücklich. Wer lächelt nicht, wenn er so feucht und schön am Himmel steht?

Ich lächle auch und denke: Das Leben geht weiter.
Ist es wirklich so wichtig, ob ich noch den Namen meines Tischnachbarn von gestern Abend weiß oder was die Handlung des Films war, den ich vor einem Monat so gut fand?

# SÖLLE EINMAL ANDERS

Auf den meisten Veranstaltungen, die 2008 dem Mythos von '68 Gesicht und Stimme gaben, blieb sie unerwähnt. Und doch gehört sie, nicht den Jahren wohl, aber der Haltung nach, zu dieser Bewegung: Dorothee Sölle. Protestantische Theologin, Autorin und leidenschaftliche Streiterin gegen Unrecht und Unterdrückung.

Zusammen mit Heinrich Böll und anderen hat sie in den frühen 70er Jahren in Köln das Politische Nachtgebet zum Magneten für kritische Köpfe gemacht. Sie hat in Mutlangen an Sitzblockaden gegen atomare Nachrüstung teilgenommen, für die Armen in Südamerika ihre Stimme erhoben, die Sattheit der eigenen Kirche öffentlich beklagt und mit ihrem Engagement den deutschen Evangelischen Kirchentag mitgeprägt.

Dorothee Sölle starb, 72-jährig, 2003 auf einer Vortragsreise. Doch im Kirchenvolk ist sie unvergessen.
»Es ist erstaunlich«, sagt ihr Mann Fulbert Steffensky, »wie viele Briefe ich noch bekomme, in denen Menschen sagen, sie seien ihretwegen in der Kirche geblieben oder ihretwegen haben sie ihr Kind taufen lassen, ihretwegen seien sie im Pfarramt geblieben, das ist ganz ungebrochen.«

Die Kirchenhierarchie und die Professorenschaft hingegen halten sich bedeckt.

Dorothee Sölle wurde in Deutschland nie auf einen Lehrstuhl berufen. Es war eine New Yorker Universität, die ihr die Plattform zu akademischem Wirken bot.

Im September 2009 jährt sich ihr 80. Geburtstag. Ein Anlass hoffentlich, ihre Lebensleistung in den Blick zu nehmen. Denn viel zu wenig wird gesehen: Dorothee Sölle, Rebellin und Mystikerin zugleich, hat ein neues Kapitel in der Theologie aufgeschlagen.
Auch als Poetin, die sie war.

»Immer wenn ich eine Zeitlang kein Gedicht geschrieben habe, fehlt mir etwas«, notierte Sölle einmal und sie fand, je älter sie wurde, dass Dichtung auch eine Sprache der Theologie sein sollte, weil sie geeigneter sei, von Gott und mit Gott zu reden als die Sprache der Wissenschaft und der Abstraktion. Beten und Dichten – das war für sie keine Alternative.

Die Tochter aus gutem Haus war mit Literatur und Dichtung seit Kindheit vertraut. Sie ist ihr lebenslang ein »Brot der Ermutigung« geblieben, das in jeder Art von Alltag seinen Platz hatte.

Eines meiner Lieblingsgedichte ist ein Appell an ihre drei Töchter, doch bitte ein wenig mehr Ordnung zu halten. Sie verlas es einmal am Ende einer Akademie-Tagung, und ich möchte es Ihnen weitergeben, als Zuspruch für einen klassischen Konfliktfall.
Es macht trotz des alltäglichen Anlasses deutlich, warum Dorothee Sölle eine gute Ordnung der Welt so wichtig war.

Bitte lasst eure zimmer nicht verkommen
Wenn eure zimmer hässlich sind
Werdet ihr euch selber nicht lieb und wert halten
Wenn ihr euch selber nicht ehrt

Werden eure gedanken ohne spannkraft sein
Wenn eure gedanken nichts anzielen
Werden eure bewegungen ungenau
Wenn eure bewegungen fahrig sind
Wird eure haut nichts von den blumen lernen
Wenn eure haut nichts von den blumen lernt
Wird euer herz wüst und leer sein
Wenn euer herz gleichgültig ist
Bleibt ihr unvertraut mit dem schönen
Wenn ihr ohne vertrauen lebt
Könnt ihr die hälfte des himmels nicht tragen
Könnt ihr über eure alte mutter nicht lachen
Bitte lasst eure zimmer nicht verkommen.

# LESEN UND SCHREIBEN

# BILDUNG – DAS UNTERFUTTER DER EMANZIPATION

Ein schmales rotes Büchlein, auf dessen Umschlag freundlich und diszipliniert die Queen aus den Kulissen schaut, hat im vergangenen Jahr Furore gemacht.

Viele Leute kennen es, nehme ich an. Ich habe jedenfalls festgestellt, dass es als Gastgeschenk kaum noch taugt, weil alle, meine Schwestern, meine Tochter, meine Freundinnen und Freunde, es schon besitzen.

Es hat den Titel »Die informierte Leserin« und geht von der Idee aus, die Queen könne eines Tages durch einen dummen Zufall die Freuden des Lesens entdecken.

Von den Verwandlungen, die dann mit der Monarchin vor sich gehen, ist geistvoll-witzig-hintergründig auf den knapp 100 Seiten die Rede. Und diese Verwandlungen reichen von einem anderen Blick auf die Welt, den Hof, ihre Untertanen, bis hin zur Entscheidung, mit 80 Jahren nun doch abzudanken, um wenigstens am Ende ihres Leben die Freiheit zu haben, »ich« zu sagen – und zu schreiben. Denn das war es, was ihr durch das Lesen, das Eintauchen in andere Leben klar geworden war. Sie war nur Funktion und Pflicht. Ihr »Ich« hatte keine Stimme.

Nun hat der britische Autor dieses Buches, Alan Bennett, sicher nicht die Absicht gehabt, seine Feder in den Dienst der Frauenemanzipation zu stellen.

Aber Emanzipation ist Emanzipation. Sie hat immer auch mit dem Ich zu tun und mit dem Mut, diesem Ich eine Stimme zu geben.

Die belesene Queen emanzipiert sich vom Hof und seinen sinnlosen Ritualen – und die belesene Frau emanzipiert sich von dem beschränkten Rollenrepertoire, das die Gesellschaft für sie vorgesehen hat.
So ist es historisch gewesen. Wir alle sind Teil dieses Prozesses, sei es als vorwärtstreibendes oder auch retardierendes Element.

## Jede Bewegung braucht ihre Zeitung

»Jede Bewegung braucht ihre Zeitung«, das ist eine alte Erkenntnis.
Auch wer in die Geschichte der Frauenbewegung schaut, findet diese These bestätigt.
Sie ist nämlich nicht nur eine Geschichte der Barrikadenkämpferinnen, der Demonstrantinnen, der Suffragetten, der »Lila Latzhosen«, auch wenn das oft das Einzige ist, was die Medien widerspiegelten.

Der über Jahrhunderte sich hinziehende Prozess ist vielmehr gesäumt mit Schriftlichem, mit Aufrufen, mit Flugblättern, mit Büchern, mit immer wieder vom Verbot bedrohten Zeitschriften.

Frauenemanzipation, so meine These, ist eine soziale Bewegung, die durch Lesen und Schreiben profiliert, zusammengehalten und weitergetragen wird.

Die Autorinnen von heute meinen ihren Platz in der Zukunft schon zu kennen: »Die neue F-Klasse. Wie die Zukunft von Frauen gemacht wird« titelte siegessicher 2006 Thea Dorn.

Olympe de Gouges hingegen musste 1791 die Bürgerrechte der Frauen noch einklagen: »*Déclaration des droits de la femme*«, Erklärung der Frauenrechte ist der Titel ihrer Streitschrift, die sich selbstbewusst neben die »*Déclaration des droits de l'homme*« stellte.
Denn ›homme‹ kann im Französischen sowohl Mensch als auch Mann bedeuten. Und es war diese Bedeutungsverengung, gegen die Olympe de Gouges Sturm lief.

Mit Grund. Nachdem die Frauen durch ihre Beteiligung an den Aufständen die Revolution miterkämpft hatten, wurden sie, als es um die Etablierung der neuen Ordnung ging, schleunigst von jeder weiteren Beteiligung an politischen Versammlungen ausgeschlossen. So viel Gleichheit war nicht gemeint mit dem berühmten Satz: »Alle Menschen sind frei geboren und an Rechten gleich.«

Olympe de Gouges, eine Frau, die lesen und schreiben konnte – sie war Schriftstellerin –, forderte genau das. Sie forderte das Wahlrecht, die Zulassung der Frauen zur Nationalversammlung, sie übertrug Punkt für Punkt die Forderung der Menschen(Männer)-Rechte auf die Frauen. Denn »Die Frau ist frei geboren und bleibt dem Manne an Rechten gleich.« Das war ihr Credo.

Sie hat dafür mit dem Leben gezahlt. Denn mit dieser Forderung sahen sich nicht nur die Jakobiner, sondern alle Männer bedroht.

Olympe de Gouges wurde hingerichtet – und blieb dann fast 200 Jahre unter dem Staub der Geschichte begraben. Doch das, was sie bewegt hatte, hörte nicht auf, immer wieder Frauen zu bewegen.

50 Jahre später wurde die »Frauenzeitschrift« von Louise Otto zum wichtigsten Sprachrohr demokratisch gesonnener Frauen im Deutschland des 19. Jahrhunderts.

»Dem Reich der Freiheit werb' ich Bürgerinnen« hieß das schöne Motto dieses zwischendurch auch immer wieder verbotenen Blattes, das sich für das Wahlrecht, für uneingeschränkte Bildungszugänge und für weibliche Berufstätigkeit einsetzte.

Die Frauen, die das forderten, kamen durchweg aus den gebildeten Schichten, die häufig auch die protestantischen waren, zumal in Preußen. Doch ihre Bildung stand noch ganz im Dienst der Ehe, war sozusagen eine geschätzte Morgengabe an Männer, die, wie der Braunschweiger Hofrat Poeckels, auch damals schon mehr von einer Frau erwarteten als die bloße Dienstleistung:

»Aber Gott bewahre uns vor einer Gehülfin ohne alle Bildung. Es ist für einen gebildeten Mann keine größere Strafe und Pein auf Gottes Erdboden, als- mit Ehren zu melden – ein Klotz von Weibe. Und wenn die Frau noch so wohlschmeckend kocht, und noch so fleißig spinnt, und sie hat kein Gefühl für Wahres, Großes und Schönes, und sie kann mit uns darüber nicht sympathisieren ... und wir können über nichts als küchliches oder spinnrockiges mit ihr reden; so ist sie den ganzen Tag für uns nicht mehr als eine – Wanduhr, die wir bisweilen schlagen oder singen hören, und diese Vorstellung macht uns sogar ihres nächtlichen Nießbrauchs bald überdrüssig.«

Ein wunderbares Zitat, nachzulesen im »Kursbuch« 47 von 1977, als solche Fundstellen noch eine ganz andere Aktualität hatten als heute.

Die gebildete Frau als Zierde des Mannes, tauglich auch als qualifizierte Erzieherin seiner Kinder, das war die Aufwertung, die die bürgerliche Frauenbildung mit dem Ende des 18. Jahrhunderts erfuhr.

Doch mit der Bildung nahm das Engagement auch in eigener Sache zu. Es ist schon so, wie die Schriftstellerin Marie von Ebner-Eschenbach, eine der geistreichsten Frauen des 19. Jahrhunderts, einmal formulierte: »Als die erste Frau lesen lernte, war die Frauenfrage in der Welt.«

Die Emanzipation erscheint uns rückblickend als eine soziale Bewegung im Zeitlupentempo. Sie speist sich aus vielen Quellen.

Die witzbegabte Schriftstellerin und fünffache Mutter Hedwig Dohm, die kämpferische, sozialistische Politikerin Clara Zetkin, die Radikalfeministin Minna Cauer oder die bürgerliche Karrierepolitikerin Gertrud Bäumer lassen sich kaum über einen Leisten schlagen. Die politischen Vorstellungen der verschiedenen Frauenbewegungen waren höchst unterschiedlich. Doch für das Wahlrecht waren sie alle.

Im Gefolge eines verlorenen Krieges und mit dem Sturz der Monarchie wurde es den Frauen im November 1918 schließlich zuerkannt.

Schon vorher hatten sich die Universitäten geöffnet, nicht überall und nicht in allen Disziplinen.

Auch die Wirtschaft entdeckte die weiblichen Arbeitskräfte. Und das waren nicht nur die Arbeiterinnen in der Spinnerei oder an der Drehbank, sondern vor allem die Frauen in den sich ausdifferenzierenden Büroberufen. »Das Fräulein vom

Amt«, von der Telefonvermittlung, wurde geradezu sprichwörtlich und die Schreibmaschine zum tertiären weiblichen Geschlechtsmerkmal.

Frauen auf breiter Front wagten in den 20er Jahren des vergangenen Jahrhunderts den Weg in eine bescheidene ökonomische Selbständigkeit und damit auch in die »Fröste der Freiheit«.

## Bücher, die das Bewusstsein veränderten

In diese Jahre fällt auch das Entstehen eines Textes, den ich zum Thema »Lesen und Schreiben« für einen der wichtigsten halte: Viriginia Woolfs 1928 erschienener Essay »*A room of ones own«*, »Ein Zimmer für sich allein«.

Woher kommt es, dass wir keinen weiblichen Shakespeare haben, fragt sich die Ich-Erzählerin, während sie einen der ehrwürdigen englischen Bildungsorte durchwandert, den sie Oxbridge nennt. Sie muss bei diesem Spaziergang erfahren, dass ihr als Frau das Betreten des Rasens verboten ist; das dürfen nur der männliche Lehrkörper und die männlichen Studenten des Colleges. Dass ihr der Besuch der Bibliothek verwehrt ist – er ist Frauen nur mit einem Empfehlungsschreiben des Rektors erlaubt. Dass Ausstattung und Mensa des einzigen Frauencolleges am Rande von Oxbridge sich in keiner Weise mit dem messen können, was an Luxus und Komfort in den Männercolleges selbstverständlich ist.

Dann erfindet sie für sich die fiktive Gestalt einer Schwester William Shakespeares. Hochbegabt wie er. Vielleicht noch gerade des Lesens und Schreibens kundig, sonst aber abgeschnitten von allen Bildungsmöglichkeiten. Was wäre aus ihr geworden, fragt die Autorin, wenn es sie, fantasievoll und begabt wie sie war, wie den Bruder in die große Stadt London und auf das Theater gezogen hätte?

Der Prinzipal hätte ein Verhältnis mit ihr angefangen, ein Ende als Prostituierte oder Bettlerin mit unehelichem Kind und in bitterster Armut wäre ihr sicher gewesen. An Dichtung wäre nicht zu denken gewesen. Frauen, die nicht geschützt wurden, waren verloren.

Virginia Woolf macht in diesem Essay deutlich, dass Bildung zwar eine wichtige, aber noch keine hinreichende Bedingung für weibliches Schreiben ist. Zwei Dinge müssen hinzukommen: ein eigenes Zimmer und ein Minimum an eigenem Geld, an ökonomischer Unabhängigkeit.

»Wenn jede von uns fünfhundert im Jahr hat und ein Zimmer für sich allein; wenn wir an die Freiheit gewöhnt sind und an den Mut, genau das zu schreiben, was wir denken; wenn wir dem gemeinsamen Wohnzimmer ein bisschen entronnen sind und menschliche Wesen nicht immer nur in ihrer Beziehung zueinander sehen, sondern in Beziehung zur Wirklichkeit ... dann wird diese Gelegenheit kommen und die tote Dichterin, die Shakespeares Schwester war, wird den Körper annehmen, den sie oft abgelegt hat ... Sie lebt in Ihnen und mir und in vielen anderen Frauen, die heute nicht hier sind, weil sie Geschirrspülen und die Kinder ins Bett bringen.«

Soweit Virginia Woolf in ihrem Essay über weibliches Schreiben und seine Voraussetzungen.

Lesen und Schreiben begleitet den erneuten Frauenaufbruch auch in der zweiten Hälfte des 20. Jahrhunderts:
- »Das andere Geschlecht« von Simone de Beauvoir – ein Klassiker von 1949.
- Betty Friedan, »Der Weiblichkeitswahn«, ein bahn-

brechender Bestseller in den USA (1963) und mit Verspätung auch bei uns.

- Leidenschaftlich und intellektuell: Kate Millets fundamentale Patriarchatskritik »Sexus und Herrschaft«, (1969).
- Rotzfrech daneben 1970 Germaine Greer mit «Der weibliche Eunuch«.
- Politisch kämpferisch: Alice Schwarzer in »Der kleine Unterschied und seine großen Folgen« (1975).
- Bitter: Susan Brownmillers »Gegen unseren Willen«, von 1977.
- Poetisch: Verena Stefans »Häutungen« (1978).

Alles Bücher, die unter der damals jungen, universitär geprägten Frauengeneration heiß diskutiert und von den etablierten Medien nur mit spitzen Fingern angefasst wurden.

Auch in den Frauenverbänden, bei den Gewerkschaftsfrauen, den Parteifrauen und Kirchenfrauen stieß dieser respektlose emanzipatorische Selbstfindungsprozess zunächst auf große Vorbehalte.

Bei den Kirchenfrauen hatte das Tradition. Die konfessionellen Frauenverbände hatten auch im 19. Jahrhundert Distanz gehalten zur Frauenbewegung. Sie wurde empfunden als etwas, das gegen die göttliche Ordnung ist, so war es ihnen ja auch immer wieder gepredigt worden. Und so hatten sie es verinnerlicht.

## Die 50er Jahre

Beim Aufräumen ist mir neulich eine Zeitschrift aus den fünfziger Jahren in die Hände gefallen. Eine Ausgabe der Zeitschrift »magnum«, die damals das Modernste war, was es gab. Avantgardistisch. Nach eigenem Selbstverständnis ein »Seismograf der Moderne«, mit wunderbaren Fotostrecken und von prominenten Federn geschrieben.

Ich war damals junge Studentin, 21 Jahre alt, und hatte diese Zeitschrift abonniert, obwohl sie für meinen schmalen Wechsel eigentlich viel zu teuer war. Aber die neuen Wege, die Moderne, der intellektuelle Diskurs – das alles reizte mich.

Das Heft 16 von 1958 widmet sich ganz der »modernen Frau«. Deswegen hatte ich es wohl aufgehoben. Doch beim Wiederlesen standen mir die Haare zu Berge.
Wo war da die Moderne?
Was waren das für einengende Botschaften gewesen für eine junge Frau, die gerade ins Studium trat, den Wunsch im Herzen, Journalistin zu werden, und das hieß damals: einzutreten in eine Männergesellschaft. Was ich dazu in »magnum« las, konnte mir kaum Mut dazu machen.

Das Ergebnis ihrer Suche nach der »modernen Frau« fasste die Redaktion von »magnum« 1958 so zusammen:
»Die moderne Frau fußt in erstaunlichem Maße auf den Tatsachen ihres natürlichen Grundcharakters. Es war kaum möglich, von der Situation der Frau zu sprechen und sie dabei von der Gegebenheit des Mannes loszulösen. Gerade dann, wenn wir Frauen ins Gespräch zogen, war immer vom Manne die Rede. Dass die Frau heute sich in einer so unlösbaren Beziehung zum Manne sieht, dass sie sich nirgends abstrakt als ein Wesen für sich nehmen will, kennzeichnet ihre Rückkehr in die Ordnung der Natur.«

Diese Ordnung der Natur, vom Dritten Reich ebenso befördert wie von den Kirchen, wird in Gegensatz gesetzt zur industriellen Welt der Produktion, in der der Mann zu Hause ist.

»In dieser Arbeitswelt«, schreibt in der gleichen Ausgabe der österreichische Schriftsteller und Philosoph Friedrich Heer, »gilt nicht das Sein sondern das Tun, gelten nicht die Tugenden des Seins: Liebe, Güte, Menschlichkeit, weibliches Verschmelzen der Gegensätze, Leben und Lebenlassen, Geltenlassen des Andern, schlechthin Dasein, Leben, Opfern, Schweigen, Austragen, Helfen ohne dazu berufen zu sein, sich biegen und schmiegen, das Laute auffangen im Schoss, das Lärmende bergen im Schweigen, die Heiterkeit und Freude eines sich in ruhenden Seins, das von sich selbst und vom andern nicht viel verlangt, genugsam am Dasein genug hat.«

Eine Frau, die sich, begabt mit diesen »Tugenden des Seins«, in die seelenlose Welt des Tuns hineinbegibt, wird es bitter büßen müssen.

Zu erwarten sind: »Frigidität, Frustration, leib-seelische Krankheiten aller Art, von weiblichen Opfern dieses Verformungsprozesses angefüllte Kliniken, Nervenheilanstalten, die zunehmende Süchtigkeit von Frauen, der steigende Gebrauch von Drogen, Medikamenten, Rauschgiften, von Alkohol und Nikotin durch weibliche Konsumenten, die Zunahme von offenen und verdeckten Selbstmorden. Die Verheerung, die in der weiblichen Psyche durch lückenlose Einschaltung der Frau in eine männische Arbeitswelt angerichtet wurden, lassen sich durchaus vergleichen mit den Hekatomben von Menschenopfern, die etwa in China in den letzten Jahren geschlachtet worden sind.«

Das sind die fünfziger Jahre pur. Die Modernität, die zu transportieren die Zeitschrift »magnum« sich sonst rühmte, war offenbar nur auszuhalten, wenn die Frauen wieder auf ihre traditionelle Rolle festgelegt wurden.

Und Friedrich Heers furchterregendes Loblied auf die weiblichen »Tugenden des Seins« hätten auch in jedem katholischen Kirchenblättchen, in jeder Zeitschrift für »Die evangelische Frau« ihren Platz finden können.

Das konservative Frauenbild hat in Deutschland tiefe Wurzeln. Es hat das Ende des Kaiserreiches, zwei verlorene Weltkriege, das Dritte Reich und das große Morden, den Zusammenbruch der bürgerlichen Ordnung, Flüchtlingselend, Hungerzeit, Besatzung, Schwarzmarkt, Währungsreform, Rückkehr zur Demokratie und den Beginn der deutschen Teilung überstanden und blühte in den 50er Jahren in der Bundesrepublik auf eine Weise wieder auf, die man nach all diesen Katastrophen kaum für möglich gehalten hätte.

Es blühte, weil es nach allen diesen Katastrophen das einzige schien, an das man(n) sich noch halten konnte. Die Restauration versprach so etwas wie Heimat. Die Familie wurde zur Fluchtburg, in der man vergessen wollte, was geschehen war, und niemand unangenehme Fragen stellte.

Wo Arbeitsplätze während des Krieges von Frauen ausgefüllt worden waren, mussten sie nun umstandslos wieder geräumt werden.

Das bekamen auch jene evangelischen Theologinnen zu spüren, die im Krieg für die Männer eingesprungen waren und Pfarrstellen verwaltet hatten, obwohl sie vom Status her nur sogenannte Vikarinnen waren. Sie wurden nun ohne weitere Umstände wieder aus dem Pfarramt entfernt und irgendwo im Raum der Kirche an meist ungeordneter Stelle und nicht im Pfarramt untergebracht.

# Die Kirche und die neue Frauenbewegung

Doch das Rad der Zeit lässt sich nicht dauerhaft zurückdrehen. Die Fragen kamen und die Frauen im evangelischen Pfarramt auch.
In der zweiten Hälfte des 20. Jahrhundert öffneten sich nach und nach in allen Landeskirchen die Türen für die Frauen. Heute studieren mehr Frauen als Männer evangelische Theologie, beträgt der Anteil der Frauen an der Pfarrerschaft in einzelnen Landeskirchen schon 40%, sind auch Karrieren in kirchliche Leitungsämter hinein nichts ganz Ungewöhnliches mehr.
Die Gleichberechtigung hat gut Fuß gefasst in der evangelischen Kirche.

Doch mit feministischen Denkansätzen tun Kirche und Theologie sich bis heute schwer. Die lebhaften Kontroversen um eine neue Bibelübersetzung in »gerechter Sprache« zeugen davon.

In meiner Erinnerung war das erste Blatt im Raum der Kirche, das Fühlung aufnahm mit dem Feminismus und für kurze Zeit zu seinem Sprachrohr wurde, die vom Gemeinschaftswerk der Evangelischen Publizistik seit Mitte der 70er Jahre herausgegebene Zeitschrift »Korrespondenz die Frau«.

Hier wurde das diskutiert, was in den etwa gleichzeitig gegründeten feministischen Zeitschriften »Courage«, »Emma«, »Die Schwarze Botin« auch diskutiert wurde. Aber es geschah vor einem anderen Hintergrund, zielte auf andere Milieus.

Gerade darum war die Resonanz aus Kirchenkreisen durchweg kritisch. Vor allem die kirchlich geprägten Frauen distanzierten sich von den neuen Tönen und mieden ihre Themen.

»Meine Frau findet aber auch ...«, lautete in den 70er Jahren die klassische Formel, mit der Oberkirchenräte und ähnliche Hierarchen ihre Kritik an dem aufmüpfigen Blatt und seiner Chefredakteurin Erika Wisselink einleiteten. Doch in meinen Augen ehrt es die evangelische Kirche, dass es dieses Blatt überhaupt gegeben hat. Sie ist damit – zu dieser Zeit – ein Stückweit über ihren Schatten gesprungen. Denn der große kirchliche Frauenprotest kam ja erst gute zehn Jahre später, auf der EKD-Synode 1989 in Bad Krozingen, wo die Teilnehmerinnen nachdrücklich Chancengleichheit, feministische Theologie und die Bearbeitung des Themas »Gewalt gegen Frauen« einklagten.

## Der protestantische Bildungsbegriff

Man muss einfach sehen, dass der Protestantismus nicht per se ein Förderer der Gleichstellung von Männern und Frauen war.

Dass Martin Luther Frauen und Mädchen zu eigenständigem Bibellesen ermutigte und es von daher für sinnvoll hielt, ihnen, am besten in eigenen Mädchenschulen, Lesen und Schreiben beizubringen, ehrt ihn zwar, macht ihn aber keineswegs zu einem Frauenrechtler.

Im Gegenteil. Mit der Etablierung des protestantischen Pfarrhauses als Rollenmodell für die christliche Familie hat Luther den Frauen, historisch gesehen, nicht mehr, sondern weniger Möglichkeiten eines eigenen Lebensentwurfs eingeräumt, als im Katholizismus des Mittelalters für sie bereit gestellt wurde.

Das mag allen, die stolz darauf sind, dass der Protestantismus von Anfang an auch ein Bildungsprojekt war, als eine ziemlich befremdliche Äußerung erscheinen.

Haben nicht Luther und Melanchthon immer wieder für die allgemeine Schulpflicht geworben?
Ist nicht das deutsche Pfarrhaus eine Wiege des Geistes gewesen, ein Zuchtbecken der Dichter und Denker?
Sind nicht die Führungseliten über Jahrhunderte in überproportionalem Maße aus dem evangelischen Milieu gekommen?

Schon richtig. Aber es waren männliche Dichter und Denker, männliche Führungseliten. Ich als Frau kann nicht übersehen, dass das gleiche Pfarrhaus, das z.b. einem Lessing den Zugang zur Lateinschule und von dort zur Universität ermöglichte, seine Schwestern gerade mal bis zum elementaren Schreiben, Rechnen, Lesen förderte.
Bibel und Katechismus – das reichte doch für die Mädchen.
Die Briefe von Lessings Schwester an den gelehrten Bruder sind von großer Unbeholfenheit.

Oder nehmen wir Philipp Melanchthon, den großen Humanisten und Diplomaten der Reformation. »Zwei Begriffe sind es, auf die gleichsam als Ziel das ganze Leben auszurichten ist: Frömmigkeit und Bildung.«
Das war sein Credo.
Ein schönes Motto. Schauen wir es uns ein wenig näher an.
Ich tue das mit Hilfe von Wolfgang Huber, dem hochgebildeten Theologen, Bischof und Ratsvorsitzenden der EKD, der in einem Aufsatz über Philipp Melanchthon folgendes schrieb:

»Das lateinische Wort, das wir mit Bildung wiedergeben, heißt ›eruditio‹. Und das bedeutet: Entrohung. Gemeint ist damit eine Befreiung von der Unmittelbarkeit der Affekte, angeleitet durch eine Vernunft, die sich an naturgegebenen ethischen Prinzipien orientiert.

Diese Prinzipien bilden sich wesentlich über die Sprache – das Erlernen von Latein nämlich ist für Melanchthon der grundlegende, unüberbietbare Bildungsprozess. Nur so besteht die Chance für eine zivilisierte Lebensweise.«

Und darum gründete Philipp Melanchthon Lateinschulen, Gymnasien, Hochschulen – reformatorische Bildungseinrichtungen, von Männern entworfen, für Jungen bestimmt. Und es ist eine Vernebelung der real existierenden Bildungszugänge im 16. Jahrhundert, wenn Wolfgang Huber in diesem Kontext neudeutsch korrekt, aber historisch falsch immer von den »Schülerinnen und Schülern« spricht, denen auf diesen Schulen Zugang zu »Frömmigkeit und Bildung« erschlossen wurde.

Latein war nicht die Sprache der Frauen und Mädchen. Es war die Sprache der gebildeten Männer. Jenseits des (seltenen!) Privatunterrichts in einer humanistisch geprägten Oberschicht, gab es nur einen Ort, an dem Frauen Latein, diese Grundlage der Bildung und des intellektuellen Diskurses der damaligen Zeit, lernen konnten.

Das war das Kloster, der etablierte und gesellschaftlich anerkannte Rückzugsort für Frauen, die ein geistiges Leben führen und sich nicht unter das Joch der Ehe begeben wollten.

Diesen Rückzugsort hatte Luther mit Verweis auf die natürliche Bestimmung der Frauen – und auch der Männer – aufgelöst.

Damit ging für den Protestantismus eine hoch entwickelte Frauenkultur verloren. Ich nenne als Beispiel die Namen dreier gelehrter und kreativer Frauen: Rosvita von Gandersheim, Mechthild von Magdeburg, Hildegard von Bingen. Und wer sich in aufgelassenen Frauenklöstern, die später dann den unversorgten Damen des protestantischen Adels Heimat wurden, für die alten Quellen interessiert, wird zu seiner Verblüffung feststellen, dass die Nonnen sich oft jahrelang und mit großer Heftigkeit gegen die Lösung aus der vermeintlichen Gefangenschaft des Klosters gewehrt haben.

Und mit Grund: Auch wenn sie theologisch am Gängelband der Priester gingen, sie wussten sich Freiräume im liturgischen Bereich zu verschaffen und die Stellung der Äbtissin eines größeren Klosters war eine unvergleichlich hohe weibliche Führungsposition, für die es im Protestantismus kein Äquivalent gab.

Dennoch war der religiöse Aufbruch aufs Ganze gesehen zunächst von großer Attraktion für Frauen.

Sie empfanden sehr deutlich, dass sie durch Luther in Fragen des Gewissens als Einzelpersonen handlungsfähig wurden. Das »Priestertum aller Gläubigen« ließ die Kategorie Geschlecht zurücktreten.

Auch der Rang, den Luther einer sorgfältigen, bildungsorientierten Kindererziehung zuerkannte, stärkte ihre Stellung. Das alles führte zu einer großen Offenheit für die Lehren der Reformatoren.

Im Zuge der religiösen Aufbruchstimmung entwickelte sich z.B. auch die religiöse Lieddichtung zu einer Domäne weiblicher Kreativität.

Leider ist davon in unserem Gesangbuch fast nichts mehr zu finden. Die bewährte Praxis des Unsichtbarmachens weiblicher Leistung hat diese Begabungen ausgeblendet. Erst im 20. Jahrhundert wurden weibliche Lieddichter etwas häufiger in den Kanon aufgenommen.

Was hat die weibliche Stimme zum Verstummen gebracht? Die Germanistin, Autorin und Auschwitz-Überlebende Ruth Klüger gibt darauf in ihrem Buch »Frauen lesen anders« eine deutliche Antwort:

Was im 18. und 19. Jahrhundert stattfand und was Deutschland zum Land der Dichter und Denker machte, bedeutete nicht dasselbe für Männer wie für Frauen. Man muss sehen, schreibt sie, dass »diese enorme Entwicklung, die im protestantischen Teil Deutschlands stattfand, diese Strömung freien Forschens und Denkens, die Bürgersohne trug und aufnahm, ihre Töchter hingegen fast ertränkte.«

Mir fällt in diesem Zusammenhang noch einmal Philipp Melanchthon ein. Dieser hochgebildete, feinsinnige Humanist, hat seine Tochter Anna, ein Kind, das ihm wesensgleich gewesen sein soll, gegen deren Willen mit 14 Jahren an einen doppelt so alten Mann verheiratet, der sein Schüler war, sich aber in der Ehe als rechter Wüstling und Despot entpuppte.
Die Minderjährige bekam in rascher Folge sechs Kinder und starb zerrüttet an Leib und Seele mit 23 Jahren.

Kein ungewöhnliches Frauenschicksal, damals jedenfalls und – weltweit gesehen – leider auch heute noch.

Melanchthon hat den frühen Tod der von ihm sehr geliebten Tochter, der er gleichwohl ein so schlimmes Los bescherte, tief betrauert.

Ich stelle mir vor, dass Martin Luther ihm dann aufmunternd auf die Schulter klopfte: »Nun lass mal, Philipp, ›Frauen werden mit der Mutterschaft zum Werkzeug Gottes. Ob die Frauen sich aber auch müde und zuletzt tot tragen, das schadet nichts. Lass sie sich tot tragen, sie sind dazu da.‹«

Luthers Frauenbild ist eindimensional, ganz auf den häuslichen Bereich gerichtet: Kinder, Küche, Kirche. Diese Zuweisung glaubte er schon der weiblichen Physiognomie entnehmen zu können:

*»Männer haben eine breite Brust und kleine Hüften, darum haben sie auch mehr Verstandes denn die Weiber, welche enge Brüste haben und breite Hüften und Gesäß, dass sie sollen daheim bleiben, im Haus still sitzen, haushalten, Kinder tragen und ziehen.«*

Auch die theologische Unterfütterung des Lutherschen Frauenbildes ist krude. Die Unterordnung der Frau unter den Mann, das Risiko der Geburten, die ruhmlose Mühsal der Hausarbeit sind eine Strafe für Evas Verführung zum Sündenfall.

»Wär' das nicht geschehen«, schreibt Luther in seiner »Predigt vom Ehestand« 1525, »so hätte sie zusammen mit dem Mann als sein Mitgehilfe regiert und geherrscht.«

## Das evangelische Pfarrhaus und der soziale Wandel

Das evangelische Pfarrhaus hat diese Arbeitsteilung noch lange beibehalten und stilbildend vorgelebt.

Über das Gleichnis aus dem Lukasevangelium von »Maria und Martha« wurde zwar sonntags gern gepredigt, aber im wirklichen Leben hatte die hörende, die lesende, die reflektierende, am Ende gar die schreibende Maria im Pfarrhaus keinen Platz. Der war doch schon belegt, vom Herrn Pfarrer selbst.

Übrig blieb eine hochgeschätzte Martha, oft selbst im Pfarrhaus groß geworden und auf diese Rolle hin sozialisiert. Engagiert und einsatzfreudig, unendlich belastbar mit Kindern, Haushalt, Garten, Wirtschaft, Gemeindekreisen, Hausbesuchen, mit Fürsorge und Management.
Ein brauchbares Wesen, eine treue Gehilfin, ganz über den Mann definiert.

Aber war das nicht in anderen Milieus genauso? Schließlich war (und ist!) die Gesellschaft durchgängig patriarchal geprägt.
Zugegeben. Aber nirgendwo war die Vormachtstellung des Mannes so wirkmächtig religiös unterfüttert und damit überhöht wie im evangelischen Pfarrhaus.

Emanzipation im Pfarrhaus und aus dem Pfarrhaus heraus, das ist darum ein ganz besonderer Weg gewesen. Das ungeschriebene Gebot der Konfliktfreiheit in diesen Milieus hat ihn zusätzlich belastet.

Inzwischen ist der Wandel des protestantischen Pfarrhauses in vollem Gange. Ja, fast möchte ich sagen: Er ist abgeschlossen.

»Frau Pastor« ist nicht mehr, wie noch in meiner Jugend, die Ehefrau des Pfarrers, sondern Frau Pastor ist längst die Pastorin, die Gemeindeleiterin selbst.
Unabhängige Berufstätigkeit des nicht im Pfarrdienst stehenden Partners gehört zur Normalität.
Die Kinderzahl ist stark gesunken.
Scheidung ist bei Pfarrerehen fast ebenso häufig wie bei anderen auch.
Gleichgeschlechtliche Lebensgemeinschaften sind kein Tabu mehr.
Als Wohnsitz zieht man eine anonyme bequeme Etagenwohnung dem großen alten Pfarrhaus häufig vor.

Mit anderen Worten: Auch im Pfarrhaus organisieren sich die Rollen heute analog der gesellschaftlichen Realität und der dazu gehörenden veränderten Geschlechterbeziehungen. Es ist nicht mehr ein Rollenmodell eigenen Rangs mit Vorbildfunktion für die evangelische Familie.

Ist das ein Verlust?
Es gibt sicher viele, die das so sehen.
Aber war dieser Verlust nicht unvermeidlich?

Die Frauenbewegung hat sich, neben der Ökologiebewegung, als eine der wichtigsten sozialen Bewegungen des 20. Jahrhunderts erwiesen. Sie gilt bis heute als Gradmesser der Entwicklung in Bezug auf Demokratie und Menschenrechte in einem Land.

Das, was den Frauen dabei den Rücken stärkte, war nicht nur die Gesetzeslage, also unser Grundgesetz mit dem ausdrücklichen Verbot der geschlechtsspezifischen Diskriminierung oder Bevorzugung.

Ein Motor des Wandels war auch – man muss daran erinnern – die Pille, und die mit ihr einhergehende Möglichkeit, Sexualität und Fruchtbarkeit neu zu bestimmen.
Hinzu kommt die Bildungsexplosion gerade bei den Mädchen und Frauen.

Der damit eingeleitete Wandlungsprozess war so unaufhaltsam, dass die evangelischen Kirchen gar nicht anders konnten, als eines Tages die Ordination der Frau ins Pfarramt zuzulassen. Jede andere Entscheidung hätten sie mit einem Amtsverständnis begründen müssen, das einem Schulterschluss mit der katholischen Kirche in dieser zentralen Frage gleichgekommen wäre. Mit der Frauenordination ist die Reformation eigentlich erst vollendet worden.

## Ausblick

Ein einfacher Weg war das nicht, von der Kirche der Brüder zur Kirche der Geschwister. Doch die evangelischen Kirchen sind ihn gegangen und gehen ihn noch, und viele Männer der Kirche sind den Frauen dabei brüderliche Bündnispartner, das möchte ich ausdrücklich anerkennen.

Dieser Prozess hat die Stimme der Kirche verändert, die Wahrnehmung von Kirche verändert, die Gottesdienste und die Theologie verändert, die Sprache, das Bibellesen, das Bibelübersetzen und das Pfarrhaus verändert.

Ein Nebeneinander der beiden Rollen – hier der unentgeltliche, ehrenamtliche Einsatz der Pfarrfrau, dort der anständig honorierte Dienst als Pfarrerin – konnte es nicht lange geben.

Ich sehe freilich auch: Mit der Zulassung der Frauen zum Pfarramt hat die evangelische Kirche vor 50 Jahren einen Schritt getan, der den Graben zur katholischen Kirche, aber auch zur Orthodoxie eher vertieft als zuschüttet. Man ist darüber in tiefem Dissens.

Diese Vielstimmigkeit gehört zum Christentum.
Auch das Buch, von dem wir leben, die Bibel, ist voller Kontroversen.
Und wo kämen wir hin ohne die, die den Mut haben, neue Wege zu gehen.

# FRAUENWAHLRECHT – DER LANGE WEG

Der November ist der Monat der Gedenktage. Einen, der dabei leicht vergessen wird, möchte ich heute in unser Gedächtnis rufen.

Am 12. November 1918 erhielten die Frauen qua Gesetz das aktive und passive Wahlrecht. Aus Müttern und Töchtern, Schwestern und Tanten, aus Gattinnen und Dienstmädchen wurden Bürgerinnen. Mehr als 100 Jahre lang hatten Frauen darum gekämpft.

Am Anfang stand die französische Schriftstellerin Olympe de Gouges. Sie hatte schon 1791, als sich abzeichnete, dass die Französische Revolution mit ihrem Ideal der Gleichheit aller Menschen nur die Gleichheit aller Männer meinte, ihre Stimme erhoben: »Hat die Frau das Recht das Schafott zu besteigen, hat sie auch das Recht die Tribüne zu besteigen.«

Der auf Männer bezogenen »Erklärung der Menschenrechte« stellte sie eine »Erklärung der Menschenrechte der Frau und Bürgerin« an die Seite, deren erster Artikel lautete: »Die Frau wird frei geboren und bleibt dem Manne gleich an Rechten.«

Das war zuviel. Olympe de Gouges wurde zwei Jahre später enthauptet. Frauen hatten in der politischen Arena nichts zu suchen.

101

Von da ab zieht sich der Kampf ums Frauenstimmrecht wie ein roter Faden durch die europäische Geschichte, bis weit ins 20. Jahrhundert hinein.

Mochte Frauen und Mädchen auch nach und nach mehr Bildung und eine eingeschränkte Berufstätigkeit zugestanden werden: »Was wir nicht wollen und niemals, auch nicht in noch so fernen Jahrhunderten, wünschen und bezwecken, ist die politische Emanzipation und Gleichberechtigung der Frau.« So noch 1901 der liberale Förderer weiblicher Berufstätigkeit Adolf Lette.

Und sie ist doch gekommen. Die Emanzipation und mit ihr das Wahlrecht für Frauen. Im Schneckentempo und von den Frauen selbst erkämpft.
Nur innerhalb der SPD fanden sie damals dafür offene Ohren.

Heute stellt die CDU die erste deutsche Bundeskanzlerin und damit eine der einflussreichsten Figuren auf dem internationalen Parkett.

Wer denkt da noch daran, dass die Voraussetzungen dafür vor mehr als 90 Jahren im Schatten eines verlorenen Krieges, im Taumel der zusammenbrechenden Monarchie geschaffen wurden?

Ein Tagebucheintrag von Minna Cauer, Vorsitzende des »Deutschen Frauenstimmrechtsbundes«, mag uns ein Gefühl dafür geben, was das für die langjährigen Kämpferinnen damals bedeutet hat.

»Abdankung des Kaisers. Ausbruch der Revolution. Meine Wohnung fast erstürmt von Menschen – ich bleibe zu Hause. Ich bin freudig erschüttert, habe nur die Hände am Abend gefaltet, und die Tränen sind mir über die Wangen gelaufen. Traum meiner Jugend. Erfüllung im Alter! Ich sterbe als Republikanerin. Eine Erschütterung geht durch die Welt wie sie nie gewesen.«

Der Kampf ums Frauenstimmrecht kann allen Mut machen, die von einer gerechteren Gesellschaft träumen. Man braucht einen langen Atem dazu und die unbeirrbare Hoffnung, dass es sie einmal geben wird.

# BÜCHER, DIE NIE GESCHRIEBEN WURDEN

»Manchmal denke ich, der Himmel müsste ein einziges fortgesetztes, ungestörtes Lesen sein.«
Du liebe Zeit, wer schreibt denn so was?

Die Schriftstellerin Virginia Woolf, deren beeindruckendes Lebenswerk inzwischen auch in deutschen Bücherschränken seinen festen Platz hat.

Virginia Woolf war eine passionierte Leserin. »Manchmal packt mich eine solche Leidenschaft für das Lesen«, schreibt sie an eine Freundin , »dass es wie diese andere Leidenschaft ist, das Schreiben, nur auf der falschen Seite des Teppichs.«

Wie das eine mit dem anderen zusammenhängt, das Lesen mit dem Schreiben, hat in einer bemerkenswerten Rede auch die Schriftstellerin Doris Lessing deutlich gemacht.

Sie erhielt 2007 – mit 88 Jahren – den Literaturnobelpreis, eine Auszeichnung, die sie aus Krankheitsgründen nicht mehr selbst entgegennehmen konnte.

Ihre Rede wurde verlesen – und wovon handelte diese Rede?

- Von einer Dorfschule in Zimbabwe, in der es nichts gibt, was nach unserer Vorstellung in eine Schule gehört, keinen Atlas, keinen Globus, keine Schulbücher, keine Bibliothek.
- Von Kindern, die weder Hefte und Kugelschreiber haben, sondern das ABC mit einem Stöckchen in den Sand schreiben.
- Von dem ungestillten Lesehunger der Menschen in den afrikanischen Armutsgebieten, wo die Ankunft einer Bücherkiste aus England mit Tränen in den Augen begrüßt wird, auch wenn die »Bibliothek« nur aus einem Brett besteht, das unter einem Baum auf Ziegelsteinen liegt.

»Schickt uns Bücher«, ließ Doris Lessing die Menschen Afrikas sagen. »Lesen haben wir gelernt. Aber wir haben keine Bücher«.
Im heruntergewirtschafteten Zimbabwe kostet ein Taschenbuch mehrere Monatslöhne.
Von einer blühenden Verlagslandschaft kann keine Rede sein. Und darum: Schickt uns Bücher.

Wirklich? möchte da mancher fragen. Sind nicht Computer wichtiger?
Was sollen die Dorfbewohner in Zimbabwe mit einer geistigen Altkleider-Sammlung.
Was sollen sie mit Charles Dickens »Oliver Twist« oder Tolstois »Anna Karenina«?
Oder dem neuesten Henning Mankell?

So kann nur fragen, wer nie dem Reiz des Lesens erlegen ist.

Wer liest, tritt als stummer Gast in andere Leben ein. Bewegt sich in anderen Milieus, anderen Kulturen, macht andere religiöse Erfahrungen oder vertieft die eigenen. Wer liest, lebt doppelt. Er bekommt eine Ahnung von der Variationsbreite des Lebens – und findet dabei sich selbst.

Wir sehen von Afrika immer nur die Bilder des physischen Elends. Des Hungers, der Dürre, der Gewalt. Und als Kontrast allenfalls die Wohlstandsoasen für zahlungskräftige Touristen, die auf Fotosafari gehen.

Die so schlecht bestellte Bildungslandschaft hat für die Kamera keinen Appeal.
Die ungehörten Stimmen werden nicht vermisst.
Die ungeschriebenen Bücher scheinen niemandem zu fehlen.
Und doch: welch ungeheure Vergeudung von Begabung und Potential.

Darauf wollte Doris Lessing aufmerksam machen.
Afrika braucht nicht nur Bilder und Musik, es braucht Chronisten, es braucht Autoren, es braucht Dichter, es braucht auch Verlage, denn die mündliche Erzählkultur ist in den Umwälzungen der Gegenwart kein Anker mehr.

Bücher sind das Unterfutter der Fantasie oder die Rückseite des Teppichs der Dichtung, um das schöne Bild Virginia Woolfs noch einmal aufzugreifen. Bildung ist unabdingbar.

# LASSET DIE FRAUEN ZU MIR KOMMEN

Im Jahr 2008 gab es eine große Lukas Cranach-Ausstellung im Frankfurter Städel zu sehen. Zehntausende hat sie angezogen, von nah und fern. Sie war, wie man so sagt, ein Kunst-Ereignis, ein Hype.

Für mich war es nicht die erste Begegnung mit Lukas Cranach. Die biblischen Motive, die Lucretias, die Porträts bartloser oder bärtiger junger oder älterer Männer – vieles war mir bereits vertraut. Vor allem natürlich die Bilder des Reformators: Luther und Katharina von Bora. Luther als Augustiner-Mönch, Luther als Junker Jörg – sie gehören seit Kinderzeiten zu meinem Bilderschatz.

Aber dann gab es doch ein Bild, das mich in Erstaunen setzte. Eines, das ich noch nie gesehen hatte. Das ins Auge sprang und auch durch seine Hängung eine gewisse Alleinstellung deutlich machte. Ich habe es mir als Postkarte mit nach Hause genommen.

Das Bild heißt:»Jesus segnet die Kinder« und spielt an auf die bei Matthäus, Markus und Lukas überlieferte Szene, dass Frauen ihre Kinder zu Jesus brachten, damit er sie anrühre und segne. Die Jünger jedoch wollten die Frauen verscheuchen und bekamen daraufhin von Jesus gesagt:»*Lasst die Kinder zu mir kommen und wehret ihnen nicht, denn ihnen gehört das Reich Gottes.*«

Diese Szene hat Cranach dargestellt. Zu sehen ist ein dichtes, farbenfrohes Gedränge von Menschen. In der Mitte Jesus im blauen Gewand, auf dem linken Arm einen nackten Säugling haltend, den er zärtlich küsst. Ein zweiter wird ihm gerade unter die rechte Hand geschoben, von einer energischen jungen Frau im roten Kleid, die in dem Gewimmel auch noch nach ihrer älteren Tochter greift, damit auch sie Jesu Nähe erfährt. Eine Andere, ebenfalls mit Säugling, zupft Jesus hartnäckig am Ärmel. Hallo, Jesus, ich möchte auch an die Reihe kommen! Eine dritte schiebt sich von hinten an ihn heran, hebt ihr Baby hoch und lässt es nach Jesu' Schulter greifen. Von rechts drängen weitere Mütter heran. Eine in der Haltung der Anbetung. Eine andere stillend. Es ist ein unglaublich dichtes, körpernahes Gewimmel von zehn und mehr Frauen und ebenso vielen Säuglingen, in dessen Mitte sich Jesus mit großer Gelassenheit bewegt.

Im Hintergrund links steht eine Gruppe älterer Männer: Besorgte Gesichter. Gerunzelte Stirnen, abwehrend erhobene Hände.
Was sie denken, ist an ihren Mienen abzulesen.
Was soll dieses Geturtel mit den Babys? Wo kommen wir hin, wenn der Meister keinen Unterschied mehr macht, zwischen souveränen Männern und unmündigen Frauen und Kindern? Die Jünger sehen ihr Vorrecht auf exklusive Nähe zu Jesus bedroht.

Man muss dieses Bild vor dem Hintergrund der Reformation lesen.
Die Botschaft geht in zwei Richtungen.
Das Bild richtet sich gegen die Wiedertäufer-Bewegung, die für die Erwachsenentaufe eintrat. Daher die unzähligen Säuglinge auf dem Bild.
Und dann an die hohe Geistlichkeit, die seit Luthers Bibelübersetzung ihr Privileg der Schriftauslegung bedroht sah

und es als Skandal empfand, dass aufgrund der raschen Verbreitung der Lutherbibel nun »auch Schneider und Schuster, ja auch Weiber und andere Einfältige« dieses neue lutherische Evangelium angenommen hätten, obwohl sie allenfalls »auf einem Lebkuchen lesen gelernt hätten«, wie es in einem antireformatorischen Text der Zeit heißt.

Weiber und andere Einfältige drängen sich um Jesus. Es ist bezeichnend, dass es diesen Bildtypus vorher nie gegeben hat und dass er auch nicht allzu viele Nachfolger hatte.
»Jesus segnet die Kinder« ist die offizielle Überschrift.
»Jesus segnet die Frauen« ist, für mich, die inoffizielle.

Denn daraus bezieht das Bild seine Energie und Wirkung: Aus der Selbstverständlichkeit, mit der sich Jesus in die weibliche Welt ziehen lässt. Und aus der geballten Energie, mit der die Frauen und Mütter um diese Nähe kämpfen.

Die Männer im Hintergrund halten das für eine höchst bedenkliche Entwicklung.
Wenn das so weitergeht, könnte das Evangelium am Ende noch in unberufene Hände fallen.

Ist es in unberufene Hände gefallen? Für Protestanten stellt sich diese Frage nicht mehr.
Sie schätzen ihre Pfarrerinnen, Pröpstinnen, Bischöfinnen, sie schätzen die Frauen, die Kirchenvorstände und Synoden leiten. Sie schätzen ihre Theologinnen an den Hochschulen. Mag immer auch ein Unternehmen wie die Bibelübersetzung »in gerechte Sprache« die Gemüter erregen. Wo wären wir heute ohne diese Frauen?

# DEUTSCH-TÜRKISCHE GESCHICHTEN

Es war im Mai 2007 in der Türkei.
Was unsere kleine Reisegruppe ins Land gelockt hatte, waren einmal die antiken Ausgrabungen und anderseits Neugier auf die moderne Türkei. Auf ein Land, das mit einem stürmischen Wirtschaftswachstum glänzt und sich zielstrebig um Aufnahme in die Europäische Union bewirbt.

Wie westorientiert würden wir sie erleben, die Türkei?
Unsere Erwartungen waren da sehr unterschiedlich.

In diesem Zusammenhang ist mir ein Nachmittag in der Ege-Universität in Izmir unvergesslich.

Der Fachbereich Deutsch hatte uns zu einer Diskussionsveranstaltung eingeladen.
Das Thema: Frauen an der Hochschule.
In dem hellgrün gestrichenen Raum waren rund 30 Menschen zusammengekommen. Überwiegend junge Frauen, unverschleiert, an diesem Ort eine Selbstverständlichkeit.

Sie alle sprachen so fließend und akzentfrei Deutsch, dass ich mir am Schluss die Frage nicht verkneifen konnte: »Wo haben Sie so fabelhaft Deutsch gelernt?«

In Bochum, sagte die erste. In Offenbach, sagte die zweite. In Augsburg, die dritte.

In Köln, in Rüsselsheim, in München, in Meschede, in Solingen, in Hamburg. Wie Perlen an der Schnur reihten sich deutsche Städtenamen aneinander – und mir wurde klar: Hier sitzen mir Türkinnen gegenüber, die in Deutschland geboren wurden, dort zur Schule gingen, sozialisiert wurden und die nach der Rückkehr in die Türkei ihre Deutschkenntnisse zum Baustein einer Karriere machen. Sie sind nicht die einzigen.

Sechs Millionen Menschen sollen es sein, die in der Türkei wenigstens Grundkenntnisse des Deutschen mitbringen, und in vielen Fällen weit mehr als das. Nach solchen Zahlen würde man bei unseren europäischen Nachbarn England, Frankreich, Italien oder Spanien vergeblich suchen.

Die Erinnerungen an Deutschland sind am Bosporus nicht von Hass geprägt und Enttäuschung, sondern eher von Stolz – stolz darauf, in dem fremden Land klar gekommen zu sein. In Izmir begriff ich: Da schlummern Verständigungsmöglichkeiten, die man nicht zu gering veranschlagen sollte.

Bin ich nun ein blauäugiger Gutmensch? Einer von denen, die den geballten Zorn des ansonsten hochgeschätzten Zeitkritikers Ralph Giordano erregen – der die naiven »Umarmer« nicht länger hinnehmen will, weil sie ihm blind erscheinen gegenüber dem politischen Islam?

Aber gibt es nicht auch einen anderen Islam? Den der ganz normalen Leute, der Mehrzahl der hier lebenden Türken? Und kommt es nicht darauf an, diesen zu stützen? Ihm den Respekt zu erweisen, auf den eine Weltreligion Anspruch hat? Ich als Christin möchte doch auch nicht mit den Fundamentalisten aus meiner Religion in einen Topf geworfen werden.

In der aktuellen Auseinandersetzung um Moschee-Bauten nehmen die Kirchen gern eine Mittlerrolle ein. Sie zeigen Verständnis für diesen Wunsch. Es wäre auch ein bisschen schwierig, im Schatten des Kölner Doms den Muslimen in Deutschland das Recht auf einen repräsentativen Versammlungsort abzusprechen.

Ein katholischer Kölner Pfarrer ging noch weiter. Seine Gemeinde liegt in einem Viertel mit hohem Ausländeranteil. Im Frühjahr, als die ersten Wogen wegen des Baus der großen Moschee in Köln-Ehrenfeld hoch schäumten, rief er im Rahmen einer Sonderkollekte seine Gemeinde zu Spenden für das islamische Gotteshaus auf – durchaus mit Zustimmung seines Gemeinderats.
Die Kirche dieser katholischen Gemeinde und die große islamische Moschee haben nämlich denselben Architekten. Das verbindet.

Und wie sehr ein unerwartetes Geschenk freundlich stimmt füreinander, wusste man aus eigener Erfahrung. Als die Katholiken seinerzeit ihr neues Gotteshaus bauten, sammelten auch die benachbarten Protestanten auch dafür. Eine Geste, die unvergessen blieb, freilich weit selbstverständlicher scheint als die Kollekte einer christlichen Gemeinde zugunsten einer islamischen Moschee.

Dem couragierten Pfarrer geht es um den Frieden in seinem Viertel. Er will nicht theologische Unterschiede verschleiern, sondern die Vernünftigen stärken. Und das hält er, auf gut kölsch, »für gar nicht so jeck«.

Ich halte es auch »für gar nicht so jeck«. Investition in gute Nachbarschaft hat noch nie geschadet.

# WAS ZÄHLT

# WIR SIMULTANTEN

## Die etwas andere Adventspredigt

Eine Freundin, Mitarbeiterin in einer großen kirchlichen Einrichtung, verschickte vor einigen Jahren eine ungewöhnliche Weihnachtskarte.

Keine Krippe war darauf zu sehen, kein Engel, keine Kerze. Da ertönte kein eingebautes Weihnachtslied, blendete keine Schneelandschaft, nicht einmal ein dekorativer Weihnachtsbaum in buntem Flitter. Schmuckloser konnte ein Weihnachtsgruß nicht sein, denn auf dieser Karte stand nur zu lesen: »Und dann muss man ja auch noch Zeit haben, einfach dazusitzen und vor sich hinzuschauen.«

Nie hat, so sagt die Freundin, ein Weihnachtsgruß, den sie versandte, soviel Resonanz ausgelöst wie diese schlichte Karten mit den zwei Zeilen: »Und dann muss man ja auch noch Zeit haben, einfach da zu sitzen und vor sich hinzuschauen.«

Es ist ein Zitat von Astrid Lindgren und es hat die Wucht einer ganz elementaren und doch unzeitgemäßen Wahrheit. Mach mal Pause, *slow down*, nimm dir Zeit. Auch für dich. Auch ich habe diese Weihnachtskarte nicht vergessen. Wie ein Widerhaken senkte sich vor allem das Wörtchen

»muss« in meine Seele – »und dann muss man ja auch noch Zeit haben.«

Teile ich sie wirklich, diese Überzeugung, dass man unbedingt Zeit haben muss, nichts zu müssen? Und wenn ich sie teile, lebe ich sie?

## Advent – gelebt und erinnert

Zu keiner Jahreszeit wirkt diese Aufforderung auf der Karte provozierender als im Advent, in diesen vier Wochen vor Weihnachten, die für die meisten Menschen Stress pur sind. Dabei sollten sie nach christlichem Verständnis eigentlich Wochen der Stille, des Fastens und der Besinnung sein.

Im Alltag jedoch ist »Advent« heute zum Synonym für eine Zeitspanne geworden, in der eigentlich alles über unsere Kräfte geht:
- die extreme Arbeitsverdichtung in den Unternehmen und Organisation,
- das knappe Zeitbudget, das dann noch für die Familie bleibt, vor allem für die Kinder,
- die gefühlte Verpflichtung zum großen Geschenkaustausch, zur organisierten Geselligkeit der sogenannten Weihnachtsfeiern,
- die Menschenmassen in den Kaufhäusern und auf den Weihnachtsmärkten,
- die Mühsal jeder Fortbewegung: überfüllte Züge, überfüllte Autobahnen, unfreundliche Wetterbedingungen,
- Und dann auch noch – die Steuererklärung.

Wahrlich, es gibt kaum eine Jahreszeit, in der ich das Leben als so anstrengend und atemlos empfinde wie im Advent.

Das war nicht immer so.

Als Kind war der Dezember mein allerliebster Monat. Er war durchglüht von Freude und Erwartung – von einer tätigen Erwartung, die sich in unzähligen kleinen Schritten dem großen Freudenfest näherte.

Die Freude begann schon mit dem Adventskranz. Es musste immer ein großer Tannenkranz sein, oft hatte die Mutter ihn selbst gebunden. An roten Bändern und mit roten Lichtern besteckt, wurde er im Wohnzimmer aufgehängt.

Um diesen Kranz baute sich die Erwartung auf. Jeden Sonntag wurde eine Kerze mehr angezündet. Undenkbar die Vorstellung, alle vier Kerzen auf einmal anzuzünden! Ich bringe es bis heute nicht fertig, denn es entkleidet den Adventskranz seiner rituellen Bedeutung und degradiert ihn zu einem folkloristischen Schmuckobjekt.

Auch mit der vielzitierten Gemütlichkeit, die den häuslichen Advent auszeichnen soll, hatte dieser kleine Akt des Lichter Anzündens wenig zu tun. Es umgab ihn vielmehr eine Atmosphäre heiterer Feierlichkeit.

Sie wurde unterstützt von den Liedern, die wir dazu sangen. Dunkle, rätselhafte Texte waren das.
Sie sprachen von einem Schiff mit seltsamer Fracht, ein »*Gottessohn*«, der zugleich des »*Vaters ewges Wort*« war. Wir sangen von einem »*Heiland*«, der den »*Himmel aufreißt*« und dann als *Tau* und *Regen* auf die Erde niederkommt.

In anderen Liedern war dieser Heiland der »*Herr der Herrlichkeit*« für den man die »*Türe hoch und die Tore weit*« machen solle, so als ob er mit einem Riesengefolge käme. Dann wieder – und das waren die besonders innigen Lieder – wurde er als *Kind in der Krippe* besungen, im gleichen Atemzug aber auch als »*König der Ehren*«, als »*wunderstarker Held*«, als »*Freudensonne*«, als »*Helfer wert*«.

Es war verwirrend: Der Erwartete, der so geheimnisvoll Kommende trug Namen aller Art und kannte offenbar viele Wege, sich uns zu nähern. Die gesungene Frage »*Wie soll ich Dich empfangen?*« schien mir darum die verständlichste von allen.

Man kann Texte lieben, auch ohne sie wirklich zu verstehen.

So ging es mir mit den Adventsliedern, von denen ich die meisten bis heute auswendig kann. Und auch wenn mein Alltag in diesen Adventswochen von dem der übrigen gestressten Zeitgenossen nicht wesentlich unterschieden ist – das eine klappt noch: Wenn ich diese Lieder singe, zum Beispiel im Gottesdienst, dann ist es wieder da, dieses unverlierbare, früh in mir verankerte Gefühl einer freudigen Erwartung von etwas, das über alle Begriffe ist.

## Der Kommerz ist nicht das Problem

Es gehört zum Standardrepertoire vieler Predigten, die Kommerzialisierung des Weihnachtsfestes und der ihm vorgeschalteten Adventszeit zu beklagen.
Ich will mich damit nicht aufhalten. Es ist wie es ist, und auch das geht vorüber.

Das was an Weihnachten auf die Welt gekommen ist, die Liebe Gottes nämlich, geht nicht vorüber. Sie wartet darauf, uns beschenken zu dürfen. Mit Hoffnung, mit Freude, mit Wegweisung, mit Sinn.

Ich denke auch: Es ist längst nicht mehr der Konsum, der den Zugang zu diesem Mysterium blockiert. Es ist heute eher der ganz normale Irrsinn unseres Kommunikationsalltags, dem niemand, der noch mitten im Leben steht, entrinnen kann und der unsere Köpfe und Herzen besetzt hält.

Wie das Internet, das Handy, der e-mailfähige Alleskönner BlackBerry oder das iPhone das Leben verändern, hat jetzt eine beschrieben, die es wahrhaft wissen muss: Miriam Meckel, eine Karrierefrau, wie sie im Buch steht. Ehemalige Staatssekretärin in Nordrhein-Westfalen, heute Professorin für Unternehmenskommunikation an der Universität St. Gallen, Direktorin eines Instituts für Medien und Kommunikationsmanagements, Moderatorin einer wirtschaftspolitischen Talksendung auf n-tv, und, ganz nebenbei, Lebensgefährtin der ARD-Stargastgeberin Anne Will.

Miriam Meckel hat ein bemerkenswertes Buch geschrieben. »Das Glück der Unerreichbarkeit« heißt es und ist die kluge und ungeschminkte Bilanz einer Lebensform, die ihre Protagonisten mit der ganzen Welt vernetzt, ihnen Zugang schafft zu Wissen, Macht und Einfluss und dafür eines an sich reißt: das Recht des Einzelnen auf Selbstbestimmung. Oder die Freiheit, einfach da zu sitzen und vor sich hin zu schauen.

In einer beinah alltäglichen Situation, nämlich an einem Samstagmorgen, als wieder einmal das BlackBerry die Regie übernahm und alle Verabredungen und persönlichen Pläne dabei auf der Strecke blieben, dämmert es der Autorin, dass sie mit der von ihr verfolgten Strategie der optimalen Erreichbarkeit nicht mehr Herrin im eigenen Haus war.

Zeitdiebe und Hausbesetzer hatten sich stattdessen in ihrem Leben breitgemacht, und während sie noch meinte, durch den Zugriff auf alle Kommunikationskanäle an Lebens-

chancen zu gewinnen, fingen eben diese Zugriffsmöglich-
keiten an, sie als Persönlichkeit zu demontieren.

»Ich war zu jener Spezies Mensch mutiert«, schreibt Miriam Meckel, »die angeblich alles gleichzeitig tun kann. Ich
war geworden, was ich nie sein wollte: ein Simultant.«

Diese schöne Wortschöpfung, entstanden aus »simultan«
im Sinne von gleichzeitig und Simulant im Sinne von Vor-
täuschen, »so tun als ob« – diese Wortschöpfung könnte
Schule machen.

Denn ein Simultant wird man schnell. Schon wer beim Te-
lefongespräch mit der Freundin dazu übergeht, den Film im
Fernsehen weiterzuverfolgen, ist auf dem Wege dazu. Genauso wie der Vater, der seinen Kindern eine Gute-Nacht-
Geschichte vorliest und dabei an die sechzig Geschäftsmails
denkt, die noch auf ihn warten. Auch Miriam Meckel entdeckte an sich immer öfter, dass sie ihrem Gegenüber kaum
noch zuhörte, sondern in Gedanken schon bei der nächsten
zu erledigenden Aufgabe war.

Dem Simultanten geht die Fähigkeit verloren, sich wirklich
noch auf das Jetzt und Hier einzulassen. Die Gegenwart,
definiert durch Ort und Zeit, verschwindet irgendwo in der
Ritze zwischen Vergangenheit und Zukunft, in der Gren-
zenlosigkeit der globalen Vernetzung. Und mit der Gegenwart verschwindet der erfüllte Augenblick, also das, woraus
sich am Ende Lebenszufriedenheit speist.

»Wohlwollend betrachtet«, schreibt Miriam Meckel, »war
ich zu einem Exemplar der Spezies Mensch geworden, die
einen neuen Lebenstrend definiert. Das virtuelle mobile Ich.
Immer unterwegs, immer mit den neusten Informationen
versorgt, immer vernetzt mit anderen, die gleiche Interessen
und Ziele haben ... Kritisch betrachtet war ich zum Sklaven

meiner technischen Vernetzung geworden. Ich bekam durchschnittlich 250 E-mails pro Tag, die meisten über den BlackBerry, dieses handtellergroße Gerät, das den mobilen Empfang von E-mails an jedem Ort und zu jeder Zeit möglich macht und gleichzeitig Telefon, elektronischer Kalender, Adressverzeichnis und Notizblock ist. Ich hatte eine Handy-Rechnung von mehreren hundert Euro pro Monat, weil ich nie zu Hause war und alle Gespräche mobil von unterwegs erledigte. Und ich arbeitete mehr als zwölf Stunden am Tag, regelmäßig bis in die Nacht hinein.«

Vermehrt hatte sich dabei nicht ihre Arbeitslast. Vermehrt, und das geradezu explosionsartig, hatten sich die Unterbrechungen, denen sie sich auslieferte.

Vernetzt mit der ganzen Welt, nahm diese Welt sie in Besitz. Und alle äußeren Erfolge konnten eines Tages die bittere Erkenntnis nicht verhindern: »Als Simultant war ich nicht mehr bei mir und selten bei denen, die meine Aufmerksamkeit gern in Anspruch genommen hätten.«

Wir Netzwerker, sinniert Meckel, müssen ein neues Verhältnis zwischen unserer On- und Off-Zeit finden. »Wir können nicht ständig auf Standby sein. Das frisst Energie und ist auch fürs Klima schädlich – vor allem für das zwischenmenschliche.«

## Was hat das mit Advent zu tun?

Was hat nun dieser Bericht von der Kommunikationsfront, dieses Plädoyer einer erfolgreichen Wissensarbeiterin für die Kommunikationspause, für das punktuelle Glück der Unerreichbarkeit, was hat das alles mit Advent zu tun?

Nun, ich halte es zumindest für eine adventzeitliche Geschichte. Weil es die Geschichte einer Umkehr ist.

Denn Advent, das ist ja nicht der besinnliche Augenblick vor den flackernden Kerzen, mit Spekulatius und einem guten Wort im kleinen Kreis.
Das ist nicht die Glühwein-Stimmung auf den Weihnachtsmärkten.
Advent ist nicht Brauchtum.
Advent, das ist ein Wachwerden.

»*Wachet auf, ruft uns die Stimme*« ist nicht umsonst ein viel und gern gesungenes Adventslied. Und zu den adventlichen Predigttexten gehören die Worte aus der Offenbarung des Johannes: »*Dem Namen nach lebst du. Aber du bist tot. Deine Werke sind unvollkommen. Wache auf. Sonst kommt das Gericht über dich wie der Dieb in der Nacht.*«

Adventsstimmung ist das nicht. Das ist eine bitterernste Aufforderung, das eigene Leben neu auszurichten.

Und genau davon redet Miriam Meckel, deren virtuelle Omnipräsenz mir erscheint wie eine moderne Illustration des Jesuswortes: »*Was hülfe es dem Menschen, wenn er die ganze Welt gewönne und nähme doch Schaden an seiner Seele.*«

Der katholische Theologe Johann Baptist Metz hat einmal eine ungewöhnliche Definition für Religion gegeben. Die kürzeste Definition für Religion sei, so sagte er: Unterbrechung.

Mir hat diese Formulierung gefallen und zu denken gegeben. Unterbrechung des Gewohnten als der erste Schritt?

Advent – das wäre dann die Herausforderung an uns, die

eingeschliffenen Handlungs- und Urteilsmuster zu unterbrechen. Sie – wenigstens vorübergehend – außer Kraft zu setzen.

Advent, das hieße dann: erkennen, dass unser Umgang mit der entgrenzten Welt des Internet durchaus Suchtcharakter haben kann.

Das hieße dann: Zugang zu den eigenen, den inneren Räumen suchen und nicht nur ein weiteres Fenster im Netz zu öffnen.

Das hieße dann: Privatheit verteidigen und leben.
Beziehungen ernst nehmen und nicht nur Verbindungen.
Sich klar machen, dass der Datenfluss aus dem Netz zwar unsere Aufmerksamkeit schult, aber unsere Wahrnehmung verkümmern lässt.

Advent, das wäre dann die Unterbrechung, die Raum schafft für neue Erfahrungen.
Nichts wollen.
Auch keine frommen Gefühle.
Sondern, so sagte es einmal die Dichterin Hilde Domin, »dem Wunder wie einem Vogel die Hand hinhalten.«

# FREIHEIT WOVON UND WOZU?

Man nehme eine beliebige Gruppe Menschen und lasse sie über »Freiheit« diskutieren. Und schnell wird sich zeigen, dass einer der zentralsten Begriffe unserer Verfassung zugleich einer der unschärfsten ist. Ich greife vier Beispiele heraus.

- Der eine versteht unter Freiheit vor allem individuelle Handlungsfreiheit, die Möglichkeit unter Alternativen auswählen zu können, das Gefühl, Herr seines Schicksals zu sein.
- Die andere weiß: Wer an die Freiheit des menschlichen Willens glaubt, hat nie geliebt und nie gehasst. Auch die Hirnforscher malen hinter die Willensfreiheit ein dickes Fragezeichen.
- In der Wirtschaft verstand man unter Freiheit in den letzten Jahren vor allem: Entgrenzter Markt und eine von Gesetzen und Kontrollen möglichst unbehelligte Gewinnmaximierung.
- Der Hartz-IV-Empfänger schließlich wird – auf Freiheit angesprochen – nur höhnisch lachen und Bismarck recht geben, der sarkastisch meinte: »Freiheit ist ein Luxus, den sich nicht jedermann gestatten kann.«

Und es ist ja wahr: Auch in den westlichen Demokratien ist der Siegeszug des Freiheitsgedankens immer noch begleitet von einem Schattenheer derer, die in großer Unfreiheit leben. Denn: Freiheit und Gleichheit steigen nicht gern in ein gemeinsames Bett. Und doch gehören beide Gedanken zentral zu unserem Kulturkreis und sind seine wertvollsten Triebkräfte.

Seit einiger Zeit hat der Begriff Freiheit auch in der evangelischen Kirche Konjunktur.

»Kirche der Freiheit« – das soll zum Markenzeichen des Protestantismus im 21. Jahrhundert werden und man beruft sich in diesem Zusammenhang gern auf Luther, der in seiner Schrift »Von der Freiheit eines Christenmenschen« innere Freiheit und äußere Verbindlichkeit so definierte: *»Ein Christenmensch ist ein freier Herr über alle Dinge und niemand untertan. Ein Christenmensch ist ein dienstbarer Knecht aller Dinge und jedermann untertan.«*

Die Rede, die Barack Obama zu seiner Amtseinführung hielt, war von diesem dienenden Freiheitsverständnis getragen. Millionen haben ihm dafür zugejubelt.
Soweit so gut.

Dennoch werde ich ein Unbehagen nicht los, wenn ich mir vorstelle, dass meine Kirche sich nun unter dem Banner der Freiheit neu aufstellen will.

Es verleitet zu dem Missverständnis, die Freiheit bei den Evangelischen bestünde darin, dass diese sich aussuchen könnten, was sie glauben: Gott ja. Jesus von Fall zu Fall. Liebe gern. Kreuzigung muss das sein? Auferstehung streichen wir, aber Wiedergeburt können wir uns vorstellen. – »Religion im Fernsehformat«, hat ein Soziologe das treffend genannt.
Einer, der dazu immer auf Distanz ging, ist der langjährige hessische Kirchenpräsident Peter Steinacker, der im Februar

2009 mit einem Festgottesdienst aus dem Amt verabschiedet wurde.

Mochten die Marktforscher auch hundertmal dazu raten: Steinacker wollte die Zumutungen des Glaubens nicht ins Kleingedruckte verbannt wissen. Er sah sich außerstande, theologisch unvereinbare religiöse Inhalte als eine besonders tolerante Form des evangelischen Glaubens anzuerkennen.

Protestantismus *hat* mit dem Geschenk der Freiheit zu tun.
Doch er ist kein Wellness-Angebot mit Bausteinen zum Aussuchen.
Sein Nachfolger Volker Jung sieht das genauso.

# TULPENFIEBER

In diesen grauen Wochen, da uns der Winter noch fest im Griff hat, muss ich sie um mich haben: Tulpen. Jede Menge Tulpen. Gelbe, die Licht in den Raum bringen und dem Phlegma des wolkenverhangenen Himmels trotzen. Weiße, die zart und melancholisch sich in den Schmuck ihrer gewellten grünen Blätter hüllen. Papageientulpen mit gefransten Blättern, die von Rot über Orange bis Grün in vielen Farben spielen ...

Mit den Tulpen kommt der Frühling ins Zimmer – und eine lange Geschichte.

Die Tulpe, botanisch *Tulipa*, hat einen Migrationshintergrund. Sie kommt aus dem Orient, aus den Gärten Armeniens, Persiens und der Türkei. Im Diplomatengepäck reiste sie 1554 an den kaiserlichen Hof nach Wien. Dort nahm sie der Präfekt der kaiserlichen Gärten, ein gewisser Clusius, in Obhut, der bald darauf Direktor des ersten botanischen Gartens in Holland und Professor an der Universität in Leiden wurde.
Verständlich, dass er nicht nur mit botanischen Büchern nach Leiden reiste, sondern auch mit Tulpenzwiebeln, die inzwischen sein ganzer Stolz waren.

Aber wie das so ist mit seltenen Schätzen: Sie erwecken Neid und Besitzwunsch.

Immer mehr Menschen, nicht nur in Holland, wollten die stolzen Tulpen in ihren Gärten haben. Dem Clusius wurden seine Züchtungen aus dem Botanischen Garten gestohlen, holländische Gärtner entwickelten immer raffiniertere Sorten, und weil man dazu nicht allzu viel Land braucht, fingen auch Privatleute damit an, und je seltener eine Züchtung war, desto mehr wurde dafür bezahlt. Die Tulpenzwiebeln verloren ihre Blumeneigenschaften, sie wurden zur Chiffre und in den Hinterzimmern von Schenken und Tavernen gehandelt wie ein Wertpapier.

Das sogenannte Tulpenfieber, die Tulpenmanie erfasste schließlich das ganze Land. Die biedersten Handwerker wurden Opfer dieses spekulativen Wahnsinns, auf dessen Höhepunkt eine einzige Tulpenzwiebel der Spitzensorte »Semper Augustus« den Gegenwert eines Amsterdamer Grachtenhauses mit Garten kostete.

Das konnte nicht gut gehen. Nach etwa zehn Jahren kollabierte der überhitzte Markt, wurde die Zahlungsunfähigkeit offenbar, lösten sich Vermögen in Luft auf, schritt der Staat ein und setzte den Höchstpreis für eine Tulpenzwiebel auf 50 Gulden fest – ein Hundertstel dessen, was in Boomzeiten für sie bezahlt worden war. Holland taumelte in eine tiefe Wirtschaftskrise. Ausgelöst durch eine einfache Blume, die heute an jeder Ecke für ein paar Cent zu haben ist – und immer noch aus Holland kommt.

Verstehen Sie nun, warum ich Tulpen gerade in diesen Zeiten für einen angemessenen Zimmerschmuck halte und in ihnen viel mehr sehe als nur einen hübschen Farbtupfer?
In diesen Blumen ist eine Geschichte aufgehoben, die sich immer wieder ereignet. Die Geschichte der menschlichen Habgier, die wie eine ansteckende psychische Epidemie um sich greift und dazu führt, dass das Leben alle Mehrdimensionalität verliert.

Der verengte Blick richtet sich nur noch auf ein Ziel: mehr, mehr, mehr, in der Hoffnung, so auf der Überholspur des Lebens zu sein.

Bis es uns dann aus der Kurve schleudert. Denn der verengte Blick hat alles ausgeblendet, was gemeinsam mit uns unterwegs ist und was die Fülle des Lebens ausmacht.

Die Bibel nennt solche Eindimensionalität Götzendienst. Und sagt uns: Darauf wird kein Segen ruhen.

# GELD IM GÜRTEL

Ich war achtzehn, als mein Vater beschloss, mich aufzuklären.

Aufzuklären über den Umgang mit Geld. Er nahm mich mit auf die Stadtsparkasse und erklärte mir, wie man ein Girokonto eröffnet und was eine Überweisung ist. Ich würde nun ins Studium gehen und mein Leben von einem schmalen Wechsel selbst finanzieren müssen. Den einzigen Rat, den er mir für den Umgang mit Rechnungen gab, war: Vor der dritten Mahnung musst du nicht zahlen.

Über Geld zu reden, war tabu in unserer Familie. Ich wusste nicht, was mein Vater, ein Lehrer, verdiente. Klar war nur, dass es irgendwie zu wenig war für die große Familie, denn bei dem Lebensmittelhändler in unserer Siedlung ließen wir ab dem letzten Monatsdrittel regelmäßig anschreiben. Der unbezahlte Rechnungsbetrag wurde dann in einem schwarzen Wachstuchheft notiert und durchgestrichen, wenn am Monatsanfang die aufgelaufene Schuld wieder bezahlt wurde. Anschreiben lassen – das war also eine Form des Umgangs mit Geld, die mir durchaus vertraut war.

In seiner Autobiographie »Vom Häuten der Zwiebel« beschreibt Günther Grass den gleichen Vorgang, nur von der anderen Seite aus.

Seine Mutter führte in Danzig einen kleinen Kolonialwarenladen und auch hier gab es reichlich »Pumpkundschaft«. Weil sie ihm ein Taschengeld nicht zahlen konnte, übergab die Mutter dem erst zehnjährigen Günther schließlich das abgegriffene Oktavheft, in dem die Schulden der Kunden in säuberlicher Schrift aufgelistet waren. Sie stellte ihm in Aussicht, ihm fünf Prozent des eingetriebenen Betrags auszuzahlen, wenn er dafür bereit wäre, die säumige Kundschaft aufzusuchen und ihr die Schuldentilgung dringlich zu machen.

Aus dem Jungen wurde bald ein gewiefter und erfolgreicher Schuldeneintreiber, der nicht nur keine Taschengeldsorgen mehr kannte, sondern auch nebenbei die unterschiedlichsten Milieus kennenlernte und Erfahrung darin gewann, sachlich und hartnäckig über Geld zu reden.
Dies sei ihm auf seinem Lebensweg als freier Schriftsteller von großem Nutzen gewesen, bekennt Grass. Mir hingegen war die Unfähigkeit über Geld zu reden, auf meinem beruflichen Weg oft ein rechtes Hindernis.

Geld an sich ist weder gut noch böse. Es ist ein Medium. Des Austausches, der Wertschätzung, der existentiellen Sicherung und der Herrschaft.
Über Geld zu sprechen ist ebenso sinnvoll, wie über alles andere zu sprechen, was zu unserem Alltag gehört. Gar nicht über Geld zu sprechen, ist ein Zeichen von Angst. Nur über Geld zu sprechen, ist ein Zeichen von Verarmung. Vor allem von innerer Verarmung.

Als Jesus die ersten Jünger ganz bewusst »ohne Geld im Gürtel« mit dem Dienst der Verkündigung beauftragte, (Markus 6,8) war das kein grundsätzliches Plädoyer für die Armut. Er wollte verhindern, dass sie die Zustimmung für die neue Lehre über Geld erkauften.
Ansonsten geht die Bibel, insbesondere das Alte Testament, mit dem Thema Geld recht unbefangen um.

Reichtum will dankbar genossen und mit anderen geteilt werden, ist die wiederkehrende Botschaft.

Die verschlossene Hand hingegen ist keine gesegnete. *»Reichtum wohl verwahrt«*, sagt der Prediger Salomos, *»wird zum Schaden, dem der ihn hat.«* Und: *»Wer Geld liebt, wird von Geld niemals satt.«*

Das haben, nach meinem Gefühl, inzwischen auch immer mehr Menschen begriffen. Sie fördern Stiftungen. Projekte, für die zu stiften sich lohnt, gibt es zuhauf. Viele sind im sozialen Bereich angesiedelt, viele aber auch im kulturellen. Die Kirchen engagieren sich und werben um Zustiftungen.

Außerdem boomen die sogenannten Familienstiftungen. Als in meiner Familie eine etwas betuchtere, kinderlose Tante starb, verfügte sie, dass ihr Erbe nur zu einem Teil ihrer Kirchengemeinde zugute kommen sollte, während sie den größeren Teil als eine Stiftung hinterließ, die der so wenig gesicherten jungen Generation in Notfällen aushelfen soll. So kann man auch als alter Mensch Zukunft mitgestalten. Klug eingesetztes Vermögen vermag viel.

# JETZT

Im Frankfurter Dommuseum gibt es viel zu sehen. aber wenig zu kaufen. Mich hat, neben ein paar Postkarten, in der kleinen Auslage eigentlich nur eine Sache interessiert. Und das war eine Uhr.
Eine ganz normale Armbanduhr mit schwarzem Lederband und weißem Zifferblatt.
Als Zeitmesser wäre sie freilich nur bedingt zu empfehlen. Sie verzichtet nämlich auf alles, was die Stunden, die halben Stunden, die Minuten markieren könnte. Es gibt keine Zahlen, keine Einteilung, es gibt auf dem weißen Zifferblatt nur ein einziges Wort.
Und das heißt: JETZT.

Es ist dieses Wort, das die Zeiger umkreisten. Jetzt.
Jeder Blick auf die Uhr konfrontierte mich mit dieser einen Botschaft: Jetzt.

Jetzt – das ist ein Wort wie ein Startschuss.
Das erste was mir dazu einfiel, war eine Anekdote über Angela Merkel, die als Kind geschlagene 45 Minuten auf dem Dreimeter-Brett stand, bevor sie sich dazu entschloss, zu springen. Jetzt! hat sie gedacht, die Augen zugekniffen und den entscheidenden Schritt in den freien Fall getan.

Jeder kennt solche Situationen. Dieses Anlaufnehmen, bevor man sich in Diskussionen zu Wort meldet. Jetzt. Dieses

Aufschieben unangenehmer Dinge, bis sich unüberhörbar die innere Stimme meldet: Jetzt.

Wer handelnd sein Leben gestaltet, kommt ohne den Impuls des Jetzt! nicht aus.
Jetzt wird entschieden. Jetzt bin ich dran. Jetzt ist Schluss mit dem Hin und Her.
Insofern hat die Armband-Uhr mit der Botschaft »Jetzt« eine durchaus lebenspraktische und handlungsunterstützende Funktion.

Sie kann aber auch noch ganz anders gelesen werden.
Nämlich als Anleitung zu einer Reflexion über Zeit.

Zeit, so sagt mir ihr zahlenfreies Zifferblatt, ist nicht wirklich. Sie ist ein Produkt unseres Verstandes, der nicht umhin kann, sich das, was wir Zeit nennen, in ein Vorher und ein Nachher zu untergliedern, das heißt in den Kategorien von Vergangenheit und Zukunft zu denken.

An Erfahrungen aus der Vergangenheit halten wir fest, weil sie zum Baumaterial unserer Identität geworden sind. Neue Wegweiser haben es schwer mit uns.

Und wenn die Rede von Zukunft ist, dann können wir uns das auch nicht als leeren Raum vorstellen, sondern möblieren ihn mit unseren Erwartungen. Setz dir Ziele – Ziele, die du in Zukunft erreichen willst. Das ist die zentrale Botschaft moderner Ratgeber.
Wir verwenden viel Energie auf unsere vermeintliche Zukunftssicherung.

Der einzige Zustand, dem wir wenig Aufmerksamkeit schenken, ist die Gegenwart, ist das vergängliche Jetzt. Da denken wir im Minutentakt: Jetzt ist es 6 Uhr 47, gleich ist es 6 Uhr 48 … In der Gegenwart haben wir keine »Zeit«.

Was meint in diesem Zusammenhang das »JETZT« auf dem Zifferblatt der Uhr, die keine Zeitangaben macht?

Ich lese dieses Jetzt als eine nachdrückliche Erinnerung daran, dass Leben im Hier und Heute stattfindet. Und nur im Hier und Heute. Denn nicht die Zeit, sondern das Jetzt ist Gottes Geschenk an uns.

Jetzt sind wir erwacht. Jetzt fällt der Blick aus dem Fenster auf einen herbstlichen Morgen. Jetzt nehmen wir seine Farben wahr, seinen Lärm, seine Lebendigkeit. Vor uns liegt ein neuer Tag. Wir spüren, wir leben. Jetzt. Aber unsere Zeit? Die steht in Gottes Händen.

Der Barockdichter Andreas Gryphius hat das in einem Gedicht wunderbar ausgedrückt.
Es hängt als Zettel an meinem Bücherregal und ich lese es mir oft vor:

>»Mein sind die Jahre nicht
> Die mir die Zeit genommen.
> Mein sind die Jahre nicht
> Die etwa mögen kommen.
> Der Augenblick ist mein
> Und nehm' ich den in Acht
> So ist der mein
> Der Zeit und Ewigkeit gemacht.«

# GLÜCK UND SEGEN

Da gab es einen alten Freund – inzwischen ist er seit vielen Jahren tot –, der hatte eine merkwürdige Angewohnheit. Wann immer er mich sah, stellte er konstant die gleiche Frage: »Bist du glücklich?«

Mich ärgerte diese Frage. Denn in Bezug auf das Glück und das Glücklichsein herrschte bei mir damals große Unsicherheit. Meine Ehe war zerfallen. Meine Tochter wuchs im Internat auf. Mich drückten die Schulden für das neue Haus, in das ich nun allein hatte einziehen müssen. Aber ich hatte hilfreiche Freunde, eine unterstützende Familie, ich war gesund und hatte Arbeit.

War ich glücklich in dieser Lage? Oder war ich nur entschlossen, nicht unglücklich sein zu wollen? Ich habe damals über Glück und Unglück nicht viel nachgedacht, sondern war einfach dankbar für jeden Tag, den ich ohne größere Katastrophen überstand.

Glück hat für mich wenig mit erfüllten Träumen zu tun. Eher mit der Anpassung meiner Erwartungen an meine Möglichkeiten. Ist nicht Zufriedenheit auch ein Wort für Glück?

Nun gibt es freilich Situationen, in denen von dieser Zufriedenheit keine Rede mehr sein kann.

Da liegt ein bekannter Spiegel-Reporter, Jürgen Leinemann, zu Tode erkrankt mit einem inoperablen Krebstumor im Krankenhaus.

Was lässt er sich von seiner Frau vorlesen?

Ein Büchlein, das vom Glück handelt und den Untertitel trägt: »Alles, was Sie darüber wissen müssen und warum es nicht das Wichtigste im Leben ist.«

Was suchte der Leidende in diesem Büchlein? Vielleicht ein tieferes Verständnis für das, was ihm geblieben war.

Er war geliebt und nicht verlassen.

Ihm wurde Aufmerksamkeit und Fürsorge zuteil.

Er konnte sich noch mitteilen und fand Resonanz. Die Erinnerung an die Höhen und Tiefen eines ungewöhnlichen Journalistenlebens war in ihm und anderen noch lebendig.

Und das ist Glück.

Bibelkundige Menschen haben herausgefunden, dass das Wort Glück im Neuen Testament nicht vorkommt. Das Alte Testament hingegen attestiert etlichen Menschen Glück.

Dem Joseph zum Beispiel, Diener und Verwalter der Güter des Potiphar. Von ihm wird bekundet, dass er mit Gottes Hilfe »ein Mann wurde, dem alles glückte«.

Glück wird damit zu einem anderen Wort für Segen. Es wird so aus der Sphäre des Zufalls herausgehoben und Bestandteil einer besonderen Beziehung.

Diese Beziehung bekommt im Neuen Testament eine andere Dimension und einen neuen Namen: Jesus Christus. »Wir müssen uns Jesus als einen glücklichen Menschen vorstellen«, hat Dorothee Sölle einmal geschrieben.

Eine provozierende Aufforderung. Jesus wird mit Opfer in Verbindung gebracht, aber doch nicht mit Glück.

Aber sollten wir wirklich glauben müssen, dass das Heil der Welt einem Unglücklichen zu verdanken ist?

Nein. Jesus war glücklich, weil er mit seiner Sendung einverstanden war. Er ist seinen Weg gegangen im Bewusstsein dieser Sendung.

Wer sich die Sinnfrage beantworten kann, ist ein glücklicher Mensch.

# LANGSAMER WERDEN

Früher ging mir alles sehr schnell von der Hand.
Heute muss ich für alles mehr Zeit einplanen.

Ich entdeckte die Langsamkeit oder richtiger: die Langsamkeit entdeckte mich.
Ich bin ihr nicht ganz freiwilliges Opfer und fühle dabei, wie der Abstand wächst zu den Jüngeren, die noch ganz ungebremst dem Gesetz der Beschleunigung unterliegen und aufs Tempo drücken. Ich hingegen stelle fest, dass ich immer öfter auf mich warten muss.

Das Wort »Langsamkeit« hat in unserer auf Schnelligkeit geeichten Zeit keinen guten Klang. Man könnte es wohl mit Fug und Recht auf die Liste der bedrohten Wörter setzen, abgelöst durch den Begriff »Entschleunigung«, hinter dem das Versprechen steht, jederzeit nach erholsamer Pause ins alte Tempo zurückkehren zu können. Ganz wie beim Auto fahren.

Langsamkeit hingegen bedeutet ein grundsätzlich anderes Weltverhältnis. Eine andere Messlatte für Lebenszufriedenheit. Ein anderer Anspruch an Lebensqualität.

Frauen machen diese Erfahrung, wenn sie Mütter werden.
Eine Schwangerschaft dauert noch immer neun Monate.
Jede Verkürzung ist unfreiwillig und bedeutet Gefahr für

das Kind. Das werdende Leben will reifen. Neun Monate lang. Monate, in denen die werdende Mutter zunehmend an Tempo verliert und körperlich immer schwerfälliger wird.

Der Körper setzt ein Signal. Nur wir verstehen es nicht zu lesen. Es will uns sagen, dass da, wo Kinder im Spiel sind, sich das Lebenstempo ändert.
Schnelligkeit als Ideal wird brüchig. Unangemessen dem Bedürfnis des Kindes. Unangemessen auch den Möglichkeiten des Alters.

Eigentlich ist die Zeitspanne sehr kurz, in denen wir, ohne uns und anderen zu schaden, wirklich schnell sein können.

Schnell ist auch nicht unbedingt ein Qualitätsmerkmal. Schnellschüsse verfehlen meist ihr Ziel und Fastfood ist das Gegenteil von guter Küche.

Interessanterweise hat sich genau an diesem Punkt der Widerstand gegen die Schnelligkeit als globales Ideal formiert.

Als 1992 an der Spanischen Treppe in Rom eine McDonalds Filiale eröffnet wurde, blies der Gastronomiekritiker Carlo Petrini aus dem Piemont zum Gegenangriff. Er gründete mit Freunden die Bewegung »slowfood«, wörtlich »langsames Essen«, und stellte die regionale Küche, aus frischen Zutaten in der gebührenden Zeit bereitet, in den Mittelpunkt seiner Aufklärungskampagne. Ihr Logo ist eine Schnecke und die zentrale Botschaft heißt: Qualität braucht Zeit.

Die Bewegung findet von Jahr zu Jahr mehr Anhänger und wurde längst auf andere Handlungsfelder übertragen. Downshifting – Runterschalten – wird zum neuen Seminarthema für Manager und das öffentliche Nachdenken über die Balance zwischen Arbeitswelt und Privatbereich nimmt zu.

Ich finde das ermutigend.

»*Time is Money*« – Zeit ist Geld – darf nicht der letzte Satz bleiben.

Erfüllte Zeit hat mit Zuwendung zu tun. Nehmen Sie sich Zeit dafür.

# VERGANGENHEIT MIT

# ZUKUNFT

# DAS GESANGBUCH – POESIE DER JAHRHUNDERTE

Auf dem Gabentisch eines Konfirmanden fanden sich in meiner Jugend verlässlich mindestens die folgenden Dinge:

- eine Armbanduhr,
- ein sogenanntes gutes Buch – vielleicht Felix Dahn, »Kampf um Rom«,
- eine rosa-blühende Hortensie als Gruß der ortsansässigen Metzgerei,
- und das Evangelische Gesangbuch.

Das letztere entweder in seiner Schlichtversion mit schwarzem Pappeinband, von dem man wusste, wie schnell er sich schnell abstößt. Oder, betont wertvoll, in schwarzem Saffianleder und mit Goldschnitt. Dann war es gedacht als Geschenk fürs Leben.

Mein Geschenk fürs Leben war die wertvollere Variante – und in der Tat, ich halte es in Ehren bis heute.

Es liegt im Handschuhfach meines Autos und wird hervorgeholt, wenn auf langen Reisen Müdigkeit durch Singen vertrieben werden soll.

Denn zur Verwendung im Gottesdienst ist es kaum noch geeignet.

Das rote Gesangbuch, das mir heute eine freundliche Küsterin überreicht, wenn ich zum Gottesdienst komme und das ich hinterher zurückgebe, hat nicht nur ein anderes Schriftbild als mein altes Gesangbuch, es hat auch einen anderen Aufbau, eine andere Liedauswahl, eine andere Zählung und ganz neue inhaltliche Teile, die ich nie darin vermutet hätte.

Merke: das Evangelische Gesangbuch ist keine ein für allemal kanonisierte Liederauswahl.
Es ist ein atmendes System mit einer fast 450 jährigen Geschichte.

## Die Predigt, die die Gemeinde sich selber hält

»*Erhalt uns Herr bei deinem Wort*« ist eines der ältesten Lieder des evangelischen Gesangbuchs. Luther hat es 1543 gedichtet. Die Reformation hatte theologisch Profil gewonnen, doch um die rechtliche Anerkennung wurde noch gekämpft.

Unter den Luther-Liedern gehört es zu den beliebtesten. Und doch bereitet es theologisch sensiblen Menschen heute einige Schwierigkeiten. Denn was sie da singen sollen, verträgt sich schlecht mit dem christlichen Gebot der Feindesliebe, der Gewaltfreiheit, der Vergebung.

»*Erhalt uns Herr bei Deinem Wort/ und steure Deiner Feinde Mord,/ die Jesus Christus Deinen Sohn /wollen stürzen von seinem Thron*«, so lautet der Text der Eingangsstrophe.

Die singende Gemeinde bittet damit zu Gott, dem Treiben der Feinden des Evangeliums Einhalt zu gebieten. In der

Originalfassung steht auch, wen wir uns unter diesen Feinden vorzustellen haben: den Papst und die Türken.

Das wirft ein Licht auf die Schärfe der Auseinandersetzung damals. Doch es ist völlig undenkbar, dass wir das heute im evangelischen Gottesdienst noch singen.

Das hat man auch schon im 19. Jahrhundert erkannt und die anstößige Attacke auf Rom und den Islam durch den allgemeinen Begriff »Feinde« ersetzt. Worauf dann freilich ein hochrangiges Mitglied der Gesangbuchkommission sein Amt niederlegte, weil er fand, es stehe späteren Generationen nicht zu, in die alten Lieder korrigierend und glättend einzugreifen.

Da haben wir den Konflikt, um den es auch heute noch geht. Respektieren wir veraltete Sprachformen, befremdliche Bilder, problematische Aussagen, so wie wir die grauen Haare eines alten Menschen respektieren, sein faltiges Gesicht, die unmodische Kleidung, die festgezurrten Ansichten – oder helfen wir nach – färben, liften, werfen weg und verabschieden uns von überholten Denkweisen und Bildern.

Je rascher sich die Zeiten wandelten, umso dringlicher stellte sich diese Frage auch für das Evangelische Gesangbuch.

In seiner nun fast 500jährigen Geschichte hat es Blütezeiten der Lieddichtung gegeben und solche der Dürre. Die Formen und Bilder, in denen der Glaube sich ausdrückte, waren dabei höchst unterschiedlich.

Luthers Lieder zum Beispiel sind oft ein gesungener Katechismus. Er wollte die Menschen auskunftsfähig machen über das, was sie glauben, und holte sich die passende Melodie oft aus den Volksliedern. Eine wirkungsvolle Verbindung.

Luther habe, so meinten damals seine Gegner, mit seinen Liedern mehr Seelen für die protestantische Sache gewonnen als mit seinen Predigten.

Das gesungene Gotteslob gehörte zwar immer schon zum christlichen Gottesdienst; hier steht es auch in der Tradition des jüdischen Ritus.

Doch mit der Reformation bekam der Gemeindegesang einen besonderen Stellenwert.

Das Lied ist die Predigt, die die Gemeinde sich selbst hält. Es ist Verkündigung, Vergewisserung. Lob und Dank. Beheimatung.

Und: alles andere als eine Nebensache.

Jeder begabte Prediger, jede religiöse Gruppierung, jede Kulturlandschaft, jedes Jahrhundert, jede Landeskirche suchte sich darum mit eigenen Liedern in die Gesangbücher einzuschreiben. Das Ergebnis ist eine gesungene Theologie von großer Vielfalt, in der nur eine Stimme unterrepräsentiert ist: die der Frauen.

Die einzige Frau, die es schon früh ins evangelische Gesangbuch schaffte, Elisabeth Cruciger, war die Ehefrau eines engen, pädagogischen Mitarbeiters von Luther. Sie blieb Jahrhunderte lang ohne Nachfolgerin. Dabei fehlte es nicht an weiblichen Lieddichterinnen. Es fehlte an der Bereitschaft, sie zuzulassen.

## Ergebnis eines langen Diskussionsprozesses

Mit acht Luther-Liedern hatte das erste reformierte Gesangbuch von 1524 noch einen recht bescheidenen Umfang. 200 Jahre später konnte Bach schon auf einen Fundus von 5000 Liedern zurückgreifen, und als sich ein pensionierter

Pfarrer im 20. Jahrhundert daran machte, den Gesamtbestand von allem, was jemals irgendwo als evangelisches Kirchenlied gegolten hatte, aufzulisten, kam er auf die atemberaubende Zahl von 92.000 Chorälen. Eine überwältigende Fülle. Aber auch eine verwirrende. Sie machte es nötig, sich immer wieder über das Gemeinsame und das theologisch und sprachlich Vertretbare zu verständigen, denn nicht jeder Liederdichter war ein Paul Gerhardt und nicht jede Glaubensaussage adelt stümperhafte Reimerei.

Spätestens seit der Aufklärung war das als Problem erkannt. Die Vernunftprediger des 18. Jahrhunderts fegten den Bestand dann freilich so gründlich aus, dass sich im 19. Jahrhundert eine kräftige Gegenbewegung bildete, die die alten Texte wieder zu restaurieren und blank zu putzen suchte.

Bei den reformatorischen und den barocken Liederdichtern war das nicht allzu schwierig. Anderes erwies sich als so zeit- und milieugebunden, dass bis heute die Nachdichtung das Original ersetzt. Wie zum Beispiel bei dem Lied des Grafen Zinzendorf aus dem frühen 18. Jahrhundert, »*Herz und Herz vereint zusammen, sucht in Gottes Herzen Ruh*«. Der pietistische Hof- und Justizrat Graf Zinzendorf hat es 1723 gedichtet und später dann in die von ihm begründete Herrnhuter Brüdergemeine eingebracht. In diesen Kreisen wurde eine Religiosität der Sanftmut und Liebe, der verschwärmten religiösen Erotik gepflegt, die andere Bilder liebte als die vom 30jährigen Krieg gebeutelte Generation davor.

Man kann das als historisches Wissen mitbringen. Und ist doch froh, dass einer Gemeinde von heute nicht mehr zugemutet wird, dieses sonst hochgeschätzte Zinzendorf-Lied in der Urfassung zu singen.

Denn wer könnte das ohne Lachanfall tun:

*»Herz und Herz vereint zusammen/ sucht in Gottes Herzen Ruh./ Keusche Liebes-Geistes-Flammen lodern auf das Lämmlein zu,/ das vor jenes Alten Throne/ in der Blut-Rubinen-Pracht/ und in seiner Unschuldskrone/ liebliche Parade macht.«*

Nein, das Gesangbuch, wenn es denn im Gottesdienst seine Funktion behalten will, kommt ohne behutsame Anpassung an das Sprachgefühl und die Glaubensbilder der Gegenwart nicht aus. Denn es wäre unsinnig, der Gemeinde Texte in den Mund zu legen, deren Inhalt sie nicht mehr vertreten und deren Verständnis sie sich erst aus einem Glossar erschließen muss.

So wie es nun vor uns liegt, ist das Evangelische Gesangbuch das Ergebnis eines langen Diskussionsprozesses. Gestritten wurde nicht nur über die Texte, gerungen wurde auch um ein Höchstmaß an Vereinheitlichung, also um etwas, das dem Protestantismus von seinem Selbstverständnis her zutiefst widerstrebt. Dennoch einigten sich die Landeskirchen schließlich auf einen Grundstock von 535 Liedern, die in allen Gesangbüchern zu finden sind. Ansonsten herrscht Gestaltungsfreiheit. Im Regionalteil können weitere Lieder hinzugefügt werden und davon haben die Kirchen kräftig Gebrauch gemacht.

## Mehr als nur ein Liederbuch

Doch das evangelische Gesangbuch war nie nur ein Liederbuch. Es war immer auch ein Hausbuch. Und ein Schulbuch. Und das will es eigentlich auch heute noch sein.

Sein Anhang enthält deshalb, was nach kirchlichem Verständnis jeder evangelische Mensch an Wissen über Glaube und Kirche parat haben sollte. Das sind nicht nur die Glaubensbekenntnisse, der Kleine Katechismus und das Vaterunser.

Im Gesangbuch finden wir Andachten und Tageszeiten-Gebete. Es informiert über die Liederdichter und überrascht mit ausgewählten Zitaten.

Im Gesangbuch lässt sich aber auch nachlesen, wie 1934 auf der Barmer Bekenntnissynode der Widerstand gegen das Dritte Reich formuliert wurde. Und wenn Sie sich je gefragt haben, was denn um Himmels Willen die Leuenberger Konkordie sei: Ihr Gesangbuch sagt es Ihnen.

Es lohnt sich also, im Gesangbuch zu lesen. Gelegentlich ist das eine Alternative zu einer schlechten Predigt.

Seinen Charakter als Hausbuch freilich hat es längst verloren. Die Gemeindeglieder begnügen sich in aller Regel mit dem geliehenen Exemplar. So bequem und servicefreundlich das ist: Bücher, die einem ans Herz wachsen sollen, müssen eigene Bücher sein. Dann hat man sie, wenn man sie braucht.

Ein eigenes Gesangbuch ist darum auch heute noch ein sinnvolles Geschenk und das Handschuhfach meines Autos gar kein so unsinniger Aufbewahrungsort. Reisende sollten mit sich führen, was ihnen wirklich wichtig ist.

## Was gesungen wird, sinkt tiefer

Zu den großen Liederdichtern des Gesangbuchs gehört – das wissen selbst jene, die der Kirche längst den Rücken gekehrt haben – Paul Gerhardt.

Sein 400. Geburtstag im März 2007 hat ihn der Öffentlichkeit wieder nahegebracht. In den Kirchen ist er immer lebendig geblieben, denn dieser Pfarrer aus der Barockzeit hat Worte gefunden, die auch heute noch ins Herz treffen und für viele Zeitgenossen zur unverzichtbaren Wegzehrung gehören.

Zur gesungenen Wegzehrung: Paul Gerhardt hatte das Glück, auf kongeniale musikalische Weggefährten zu treffen, die Berliner Kantoren Johann Krüger und Johann Ebeling. Sie haben dafür gesorgt, dass Melodie und Wort gerade bei den Paul-Gerhardt- Liedern zu einer unauflöslichen Einheit verschmolzen sind.

Ich kann mir »*Geh aus mein Herz und suche Freud*« nicht nur als Text in Erinnerung rufen. »*Oh Haupt voll Blut und Wunde*« ebenso wenig und auch nicht »*Wach auf mein Herz und singe*«. Die Melodie steht gleich mit auf.
Ich kann hier nur singend glauben.

Was aber gesungen wird, sinkt tiefer.
Wer einmal von diesen Liedern ergriffen wurde, dem bleiben sie ein Leben lang, mag er oder sie sich auch sonst von der Kirche abgewandt haben.

Ein Beispiel dafür ist der Psychoanalytiker Tilmann Moser, der vor dreißig Jahren mit seinem Buch »Gottesvergiftung« Furore machte. Darin rechnet er mit der Enge des pietistischen Milieus ab, in dem er aufgewachsen ist.

Das Kind hat den Gemeindegesang in diesen frommen Kreisen als ein überwältigendes Verschmelzen erlebt. Als das Aufgehen in einer Sicherheit, die keinen Zweifel duldete.

*»Wer nur den lieben Gott lässt walten/ und hoffet auf ihn allezeit,/ den wird er wunderbar erhalten/ in aller Not und Traurigkeit.«*

Der Psychoanalytiker bezeichnet das rückblickend als »gemeinsame Regression«: »Regression in einen viel selbst- und gottesgewisseren Zustand als er beim Predigen je zu erreichen ist.«

Wer zwischen den Zeilen zu lesen versteht, spürt jedoch, dass gerade dieses Kirchenlied-Kapitel bei Tilmann Moser von einem Gefühl der Wehmut durchzogen ist, um nicht zu sagen der Sehnsucht.

»Es gibt einige Lieder«, so schreibt Tilmann Moser, »die mir noch heute die Tränen in die Augen treiben, weil sie verknüpft sind mit Momenten eines vollkommenen Geborgenheitsgefühls.«

Der junge Psychoanalytiker, der sich von seiner »Gottesvergiftung« heilen musste, konnte es sich nicht erlauben, sich diesem Geborgenheitsgefühl einfach zu überlassen.

Heute, mehr als dreißig Jahre später, denkt er auch anders darüber, denn er hat in seiner Praxis erlebt, was es für Menschen bedeutet, sich an einen Gott wenden zu können, dem wir betend von unserer Last abgeben dürfen.

## Hort der bedrohten Wörter

Was dennoch Tilmann Moser und viele andere an den Liedern des Gesangbuchs stört, ist ihre Sprache. Ist das in dieser Sprache aufgehobene Gottesbild, von einem, der alles kann, alles weiß, alles sieht, alles richtet, der erwählt und verwirft, dem überschwänglich gedankt und zu dem kindlich gefleht wird.

*»Wenn unser Herze seufzt und schreit, wirst du gar leicht erweicht, und gibst uns, was uns hoch erfreut und dir zur Ehr' gereicht. – Du zählst wie oft ein Kriste wein' und was sein Kummer sei, kein Zähr- und Tränlein ist so klein, du hebst und legst es bei.«*

Das sind rührende Worte. Und doch in ihrer kindlichen Naivität eine Zumutung für den modernen Menschen.

Ich bekenne es gern: Es sind gerade diese Zumutungen, die mich am Evangelischen Gesangbuch faszinieren. Singend kommen wir da mit den geistigen Welten, den Gottesbildern und den unterschiedlichen Frömmigkeitsformen in Berührung, die den Protestantismus in den letzten 400 Jahren geprägt haben.

Und auch mit dem so unterschiedlichen Sprachmaterial, das gerade durch Paul Gerhardt so bereichert wurde. *Himmelstau* und *Tränensaat*, *Gnadenthron* und *Sprachgesell* – wo sonst kommen einem diese Worte entgegen? Wo sonst treffen wir auf den *Seelenbräutigam*? *Schreit der Hirsch nach frischem Wasser*? *Wallt das Gemüte nach dir*? *Frohlockt die christlich Schar* und lässt den *Satan wettern*? Wo sonst?

Der Besuch eines Gottesdienstes wirkt damit wie ein Ge-

gengift zur sprachlichen Verarmung der Gegenwart, in der die Liste der bedrohten Wörter immer länger wird, weil der Computer uns eine funktionale Einheitssprache aufzwingt, die keine Tiefendimension mehr hat und keine Geschichte. Ja, ich behaupte mal, dass die Lieder des evangelischen Gesangbuchs für viele moderne Zeitgenossen die einzige wiederkehrende Begegnung mit Poesie überhaupt sein könnten.

Und wie viel Geschichte ist aufgehoben und verarbeitet in diesen Liedern!

Das Gesangbuch enthält Texte der Spätantike und des Mittelalters, der Reformationszeit und des Barock, der Empfindsamkeit und der Aufklärung. Der Religionsstreit hat sich in ihnen eingeschrieben, der Dreißigjährige Krieg, das Bündnis von Thron und Altar, das für den Protestantismus bis 1918 so prägend war. Es spiegelt aber auch Geschichte, die uns bis heute noch beschattet, die Geschichte des 20. Jahrhunderts.

## Ein Schicksal hinter den Liedern

Exemplarisch dafür ist für mich ein Lied des Dichters Jochen Klepper.
Es begrüßt den Morgenstern und fordert alle zum Lobgesang auf. Auch und gerade die Betrübten.
*»Auch wer zur Nacht geweinet, der stimme froh mit ein.*
*Der Morgenstern bescheinet auch deine Angst und Pein.«*

Welche Angst und Pein war es, die im Leben Jochen Kleppers für verweinte Nächte sorgte?

Der Pfarrerssohn aus Beuthen an der Oder, geboren 1903,

hatte zunächst Theologie studiert, sich dann jedoch gegen den Pfarrberuf entschieden. Er wurde Journalist, Rundfunkautor und Schriftsteller, mit Wohnsitz in Berlin.

Seine Kirchenlieder entstanden in den Jahren des Dritten Reiches.

Klepper gelang einerseits mit dem Buch »Der Vater«, einem Roman über den sogenannten »Soldatenkönig«, den Vater Friedrich des Großen, ein überwältigender Bucherfolg. Andererseits musste er erleben, wie ihm zunehmend alle Wege versperrt wurden. Noch im gleichen Jahr, 1937, in dem »Der Vater« erschien und von den einen zur Pflichtlektüre der Wehrmacht erklärt wurde, schlossen die anderen den Dichter aus der Reichsschrifttumskammer aus und machten ihn damit als Autor mundtot.

Der Grund: Jochen Klepper war mit einer Jüdin verheiratet. Der Aufforderung, sich scheiden zu lassen, kam er nicht nach. Nicht einmal in Gedanken.

Im Gegenteil: er setzte alles daran, auch die jüdische Tochter zu retten, die seine Frau mit in die Ehe gebracht hatte und die er liebte wie sein eigenes Kind.

Doch nach einer letzten Unterredung mit Eichmann, auf die Klepper alle Hoffnung gesetzt hatte, lag der Deportationsbefehl für das junge Mädchen auf dem Tisch.

Das war im Dezember 1942. Die Judenvernichtung war Programm geworden. Die drei Kleppers setzten daraufhin gemeinsam ihrem Leben ein Ende. Schlaftabletten und Gas. Der Ausweg, auf den sie sich für diesen Fall schon lange verständigt hatten.

Man muss sich das vorstellen.

160

Da lebt jemand mit ständigen Selbstmordgedanken und dichtet dennoch ein Trostlied nach dem anderen.

Jochen Klepper hat sich zu diesem Zwiespalt in seinen Tagebüchern mehrfach geäußert:

»Wie kann ich Christliches schreiben, solange der Gedanke an Selbstmord nicht überwunden ist?
Anderes aber als Christliches ist mir nicht schreibenswert, nicht lebenswert.
Ich kann von dem nicht los, auch völlig versagend nicht, was mich da angerührt hat. Und wäre es alles Irrtum: ich wüsste nur von diesem Irrtum als dem größten, was unter die Menschen trat, zu sagen.«

Das beschädigte Leben des Jochen Klepper hat seine Lieder nicht beschädigt.
Sie sind mir lieber als manch andere. Denn wo Hoffnung nicht auf dunklem Grund erblüht, kann von Hoffnung eigentlich nicht die Rede sein.

Das »*Wach auf mein Herz und singe*« aber zieht sich wie ein roter Faden durch das Evangelische Gesangbuch.

# KÖLNER FENSTERSTREIT

Vor rund 130 Jahren, am 15. Oktober 1880, trafen mit großem Gefolge der deutsche Kaiser und König von Preußen, Wilhelm, und ihre Majestät die Kaiserin und Königin Augusta in Köln ein. Der Schlussstein zur Vollendung des Kölner Domes wurde gesetzt, ein nationales Anliegen des Hauses Preußen, das sich der gotischen Bauruine angenommen hatte, die seit 1560 brach gelegen hatte.

Die in den Schlussstein eingemauerte Urkunde trägt 65 Unterschriften. Nur sieben stammen von Katholiken. Ein katholischer Geistlicher ist nicht darunter. Denn das Verhältnis von Preußen und katholischer Kirche war damals gründlich durch Eingriffe des Staates in die kirchliche Autonomie einer selbstbewussten Institution gestört. Die Einweihung des Domes fand ohne die Anwesenheit des Erzbischofs statt.

An diese historische Situation, die im Geschichtsunterricht unter dem Stichwort »Kulturkampf« abgehandelt wird und im Kern ein Konflikt zwischen Liberalität und Orthodoxie ist, musste ich gelegentlich denken bei dem, was 2007 den Kölner Dom in die Schlagzeilen gebracht hat.

Ein international bekannter Künstler, konfessionslos, gestaltet ohne Honorar ein Fenster im Südquerhaus der Kathedrale.

Domkapitel, Dompropst und Dombaumeisterin haben den Einspruch des Bischofs überstimmt und den Schritt in die Moderne gewagt.

Was sie erhielten, sind Kaskaden farbigen Lichts, reflektiert von mehr als 11.000 winzigen Glasquadraten in 75 Farben, die ein Zufallsgenerator angeordnet hat. Der Künstler, Gerhard Richter, hat nur dort eingegriffen, wo ihm das Ergebnis unbefriedigend erschien.

Im oberen Drittel des Fensters, das durch gotisches Maßwerk und eine Rosette charakterisiert ist, funkelt es wie Juwelen. Im hellen Mittelfeld fühlte ich mich an ein Kornfeld erinnert, durch das der Wind streift. Immer wieder verändern sich mit den ziehenden Wolken die Schattierungen. Das untere Drittel hat mehr Grün-Töne, nähert sich in der Farbintensität wieder der Rosette.

Es ist ein wunderschönes Fenster, eines, das andächtig macht.

Die Menschen strömen, um es zu sehen. Die dem Hauptbahnhof zugewandte Tür des Querhauses ist einladend geöffnet. Bänke in der richtigen Blickrichtung laden zum Verweilen und Nachsinnen ein. Die Kunstszene hofft auf einen neuen Dialog zwischen Kunst und Kirche.

Nur der Kardinal murrt. Er ist, wie damals, der Enthüllung des Fensters, die sogar in der Tagesschau übertragen wurde, ferngeblieben. Er hätte lieber katholische Märtyrer des 20. Jahrhunderts als Thema gesehen, mehr Gegenständlichkeit, mehr ablesbare Katholizität. Dieses Fenster, so meinte er, könnte ebensogut in eine Moschee eingebaut werden.

Wohl wahr, der Islam hat ein strenges Bilderverbot und sieht in der Abstraktion den einzigen erlaubten Weg, das Göttliche zu umkreisen.

Doch Religion ist auch im Christentum nicht nur Volksfrömmigkeit. Sie ist als Theologie immer auch Abstraktion. Und jeder gotische Dom ist es auf seine Weise.

Gerhard Richters Fenster im Kölner Dom lässt kosmische Grunderfahrung anschaulich werden: das Licht, von dem wir alle leben und das durchaus im spirituellen Sinne gedeutet werden darf. Es verherrlicht Gott, der es geschaffen hat und erhellt die Menschen, die es zum Leben erweckt.

Die Kölner Fenster huldigen nicht der katholischen Kirche. Sie huldigen dem Schöpfer.
Was ist falsch daran?

# CHINESISCHE STÜHLE

Natürlich bin ich auch diesmal hingefahren. Auf die documenta nämlich, die Kassel im Sommer 2007 für 100 Tage verwandelt hat und im September ihre Pforten schloss.

Es war meine zehnte documenta, und wenn ich durch die Schauplätze ging, sah ich überall Kunstwerke, die gar nicht mehr da waren. Die aber in meiner Erinnerung mit diesem Ort verbunden bleiben. Joseph Beuys' Honigpumpe im Souterrain des Fridericianums zum Beispiel.

Die documenta 2007 hat mich überrascht und sehr in ihren Bann geschlagen. Mehr als jede andere vor ihr erzählte sie von der Situation des Menschen, machte Unrecht, Ausbeutung, Gewalt, Krieg und Frieden in ihren Videos und Installationen zum Thema. Aber auch die heilenden Gegenkräfte waren zu finden: Kreativität, Spiritualität, Widerstand, Achtung vor der Würde des Menschen. Wer nach den Schnittstellen zwischen Religion und Kunst fragte, dem wurde hier reiches Anschauungsmaterial geboten.
Auf dem Kunstmarkt freilich hat sich die documenta mit diesem Ansatz wenig Freunde erworben. Ich aber fand sie menschenfreundlich.

Zu dieser Menschenfreundlichkeit gehörte auch, dass es überall genug Stühle gab, um sich hinzusetzen und die müden Füße ein wenig auszuruhen.

Das ist, wie erfahrene Ausstellungsbesucher wissen, alles andere als eine Selbstverständlichkeit, und darum soll von diesen Stühlen doch einmal die Rede sein.

Sitzgelegenheiten sind in Kunsttempeln so rar wie auf dem Frankfurter Hauptbahnhof.
Der Marathon und das Stehvermögen, das den Besuchern in großen Ausstellungen zugemutet wird, grenzt manchmal schon an Menschenverachtung.

Hier aber, auf dieser documenta, luden tausendundein Stühle uns ein, Pause zu machen.
Zwanglos gruppiert, in langen Reihen an der Wand entlang oder auch zu einem Kreis zusammengestellt, schufen die Stühle immer wieder Inseln der Ruhe und des Rückzugs. Sie machten Konzentration auf längere Videos oder auch einen Gedankenaustausch in der Gruppe möglich. Sie waren ein Signal der Wertschätzung dem Besucher gegenüber und ich kann nur sagen: ich war dankbar dafür.

Wem aber war diese großzügige Ausstattung mit Sitzgelegenheiten zu danken?
Einem Künstler.
Demselben Künstler, der die Mittel auftrieb, um 1001 Chinesen, die ihr Heimatland noch nie verlassen hatten, für eine Woche auf die documenta nach Kassel einzuladen.
Es ist der Bildhauer und Architekt Ai Weiwei.

Zusammen mit den Menschen hatte er die Stühle nach Kassel geschickt. Die Chinesen fuhren nach zehn Tagen wieder zurück. Die Stühle blieben: antike Holzstühle, handwerklich gefertigt vor Generationen, von Gebrauchsspuren gezeichnet, mit rechteckiger Sitzfläche, leicht gebogenen Armlehnen, streng und anmutig zugleich.

Sie sind nach der documenta versteigert worden.

Diese Stühle waren mehr als nur willkommene Sitzgelegenheiten. Diese Stühle sprachen.
Sie sprachen von einer bedrohten Kultur und sie sprachen von der Aufmerksamkeit dem unbekannten Besucher gegenüber. Sie waren Gesandte eines Landes, über das der Sturmwind der Veränderung hinwegfegt, und sie waren ein Zeichen der Höflichkeit: Bitte nehmen Sie doch Platz!

Mit solcher Einfühlung in die Situation des Anderen fängt alles an.
Jede geglückte Beziehung. Jede erfolgreiche Politik.

Ohne Einfühlung in die Situation des Anderen muss beides scheitern, ist Frieden und Friedenhalten unmöglich.
*»Alles was ihr wollt, dass euch die Leute tun, das tut ihnen auch«,* heißt es in der Bibel.

In den 1001 Stühlen auf der documenta fand ich diesen alten Satz bestätigt.
Gekommen um wahrzunehmen, fühlte ich mich wahrgenommen.

# VERGEBEN – DIE UNSICHTBARE MACHT

Vergeben hat von der Wortgeschichte her mit »weggeben« zu tun. Etwas wird ausgetauscht zwischen mir und dem Anderen. Die Beziehung wird auf eine neue Grundlage gestellt und das setzt Kräfte frei, die vorher gebunden waren.

Die erstaunlichste Geschichte, die ich je in diesem Zusammenhang hörte, ist die Geschichte von Eva Mozes Kor aus Israel.

Diese Überlebende des KZs Auschwitz hat öffentlich bekannt, ihren Peinigern vergeben zu haben.

Wie das?
KZ Verbrechen vergeben? Dem Arzt Joseph Mengele, der an der damals zehnjährigen Eva und ihrer Zwillingsschwester grausame medizinische Experimente machte, vergeben? Kann denn das Unvergebbare vergeben werden?

Die Haltung von Eva Mozes Kor stieß vor allem in der jüdischen Welt auf wenig Verständnis. Denjenigen, die sie dabei unterstützten, wurde Verharmlosung der Verbrechen des Nazi-Regimes vorgeworfen.

Doch was wollte Eva Mozes Kor mit diesem Akt der Vergebung erreichen? Den Tätern wieder ein gutes Gewissen machen? Ganz sicher nicht.

Sie entschied sich für den Akt der Vergebung, weil es für sie der einzige Weg war, sich aus der permanenten Opferrolle zu befreien und wieder Herrschaft über ihr eigenes Leben zu erlangen.

Als Opfer blieb sie fixiert auf die Albträume von Auschwitz. Als jemand, der Vergebung gewähren konnte, erlebte sie, wie eine Last von ihren Schultern fiel, die sie fünfzig Jahre lang mit sich herumgetragen hatte.

»Die Vergebung«, sagt sie, »schafft die Möglichkeit, dass ein Opfer wieder zu jemand wird, der kein Opfer ist. Der Schmerz schwindet und man ist einfach ein ganz normaler Mensch. Ein Überlebender hat das Recht zu vergeben. Ein Recht, das ihm die Autonomie über sein Leben zurückgibt.«

Ausgelöst wurde dieser Prozess durch die Begegnung mit einem ehemaligen KZ-Arzt, der ihr gestand, dass die Gaskammern von Auschwitz ihn bis heute in seine Träume hinein verfolgen.

Eva Mozes Kor bat den Mann, mit ihr nach Auschwitz zu fahren und dort ein Dokument zu unterzeichnen, über das was geschehen war und über seine Rolle darin.
Noch immer schien es ihr wichtig, Zeugnisse zu sammeln, die den Holocaust-Leugnern den Wind aus den Segeln nehmen.

Als das geschehen war, dachte sie darüber nach, was sie dem Mann für seine Bereitschaft zum Bekenntnis zurückgeben könne. Und auf einmal war für sie klar: Es war die Bereitschaft, ihm zu vergeben. »Das war«, sagt Eva Mozes Kor, »eine unglaubliche Entdeckung. Das kleine Mengele-Versuchskaninchen, das sein ganzes Leben lang hilflos gewesen war, hatte plötzlich Macht. Die Vorstellung, dass ein

Opfer für sein ganzes Leben machtlos bleibt, ist vielleicht das größte, das überwältigendste Problem, das es hat.«

Eva Mozes Kor hat durch diesen Akt für sich das Tor zu einem neuen Leben aufgestoßen.
Ihr geht es nicht um die Täter. Mögen die zuschauen, wie sie mit ihrem Gewissen fertig werden. Ihr geht es um die Heilung der Opfer. Um die Aufhebung der Fixierung auf das Trauma als Lebensgrundlage. Vergebung befreit.

Die Fähigkeit, vergeben zu können, gehört vielleicht zu den wichtigsten Heilungskräften, die wir besitzen.

# LETZTE DINGE

Lange meinte ich, genau zu wissen, wie eine ordentliche Beerdigung vor sich zu gehen hat:
Trauerfeier in der Friedhofskapelle mit Ansprache des Pfarrers. Der Sarg, oft schwere Eiche, geschmückt mit Blumengestecken. Kerzen an seinem Haupt. Kränze zu seinen Füßen. Die Trauergemeinde in schwarz, oder jedenfalls in gedeckten Farben. Orgel. Schütterer Gesang irgendeines bekannten Kirchenliedes. Unterdrücktes Schluchzen. Und am Ende, sehr abrupt und prosaisch, das Auftreten der livrierten Sargträger, die, mit Blick genau auf die Uhr, den Sarg auf ein zweckdienliches zweirädriges Gefährt hieven und dann, der Trauergemeinde voraus, den Weg zum offenen Grab beschreiten.

Dort noch einmal liturgische Worte des Pfarrers. Der beklemmende Moment, an dem der Sarg in die dunkle Kammer herabgelassen wird. Die Prozession der Trauergäste. Letzte Blumengrüße oder drei Schäufelchen Erde, die auf den Sarg poltern. Jedes Schäufelchen ein Gedanke. An den Verstorbenen, an die, die er oder sie hinterlassen hat. Oft genug auch an den eigenen Tod. Werde ich die Nächste sein?

Entlastung dann beim Ritual des sogenannten »Tröster-Kaffees«. Die Lebenden versichern sich ihres Lebens und ihres gemeinsam Auf-dem-Wege-Seins.

So hatte ich Beerdigungen bisher erlebt.
Inzwischen musste ich lernen. Es kann auch alles ganz anders sein.

Eine ganze Branche, Bollwerk unumstößlicher Traditionen, ist ins Wanken geraten. Erdbestattungen dieser Art kommen aus der Mode. Die Feuerbestattung hat sich auf breiter Front durchgesetzt. Beerdigt wird da nur noch eine Urne, preiswert und platzsparend. Und immer mehr Menschen entscheiden sich, weil sie eine Beerdigung wie die oben beschriebene überhaupt nicht mehr bezahlen können, dann auch noch für eine anonyme Bestattung.
Ohne Pfarrer oder Trauerredner, ohne Geleit und ohne Grabstein. 600 Urnen finden Platz auf zehn qm Rasen.

Die Erinnerung scheint das Grab nicht mehr zu brauchen.
In den neuen Ländern macht die anonyme Urnenbestattung schon ein Drittel aller Bestattungen aus. In Berlin bereits vierzig Prozent. Und auf den Friedhöfen, bisher verlässliche Einnahmequellen für die Gemeinden, wachsen die Leerstände.

Die Leute lassen sich stattdessen Gott weiß wo bestatten. Im Wald. Auf hoher See. Auf einer Almwiese. Die Letzte Ruhe ist zur letzten Freiheit geworden.

Noch gibt es in Deutschland zwar den sogenannten Friedhofszwang für die Asche. Aber »gewusst wie« ist vieles möglich. Auch die Bestattung unterm Apfelbaum.

Dieses »Gewusst wie« hat jetzt die Münchner Autorin Magdalena Köster zusammengetragen, in einem umfassend recherchierten Buch mit dem aufmunternden Titel »Den letzten Abschied selbst gestalten«.
Es spricht für dieses Buch, dass der geistliche Aspekt nicht ausgeklammert wird.

Den Kirchen wird eben doch in Fragen der Lebens- und Sterbebegleitung eine gewisse Kompetenz zugeschrieben.

Sie liegt in der Hand des einzelnen Pfarrers. Dem wird allerdings von der entkirchlichten Gesellschaft einiges zugemutet.

»Ich glaub' zwar nicht an die Auferstehung der Toten«, sagt der Auftraggeber eines kirchlichen Begräbnisses, »aber erwähnen Sie es doch mal besser bei der Beerdigung.« Und der Pfarrer? Ist er empört? »Das hat mir gefallen, diese vorsichtige Rückversicherung«, meint er.

Und das hat nun wiederum mir gefallen, diese Bescheidenheit. Nur so können wir wieder miteinander ins Gespräch kommen.

Denn eines bleibt wahr, für Christen und Nichtchristen: »*Das Wort, das tröstet, kannst du dir nicht selber sagen.*« (Bonhoeffer)

Foto: © Rolf Oeser

*Gisela Brackert gestaltete 16 Jahre lang das Frauenpro-*
*gramm des Hessischen Rundfunks. Sie gehört zu den Grün-*
*derinnen des Journalistinnenbundes, begleitet fördernd die*
*Frauen- und Geschlechterforschung in Frankfurt und enga-*
*giert sich in der Evangelischen Kirche. Daneben ist sie Mit-*
*gestalterin der Sendereihe »Zuspruch am Morgen« (hr2). Gi-*
*sela Brackert hat eine Tochter, zwei Enkelkinder und lebt in*
*Frankfurt am Main.*